L'estime de soi
des adolescents

La Collection de l'Hôpital Sainte-Justine
pour les parents

L'estime de soi
des adolescents

Germain Duclos
Danielle Laporte
Jacques Ross

Éditions de l'Hôpital Sainte-Justine

Centre hospitalier universitaire mère-enfant

Données de catalogage avant publication (Canada)

Duclos, Germain

    L'estime de soi des adolescents

    Éd. abrégée et rev.

    (Collection de l'Hôpital Sainte-Justine pour les parents)
    Version abrégée et rev. de : L'estime de soi de nos adolescents.
    Comprend des réf. bibliogr.

    ISBN 2-922770-42-7

    1. Estime de soi chez l'adolescent. 2. Adolescents - Psychologie. 3. Estime
de soi chez l'adolescent - Problèmes et exercices. 4. Adolescents -
Psychologie - Problèmes et exercices. I. Laporte, Danielle. II. Ross, Jacques,
1945 -. III. Hôpital Sainte-Justine. IV. Titre. V. Titre : L'estime de soi de
nos adolescents. VI. Collection

BF724.3.S36D832 2002   155.5'182   C2002-940990-X

llustration de la couverture : Geneviève Côté

Infographie : Nicole Tétreault

Diffusion-Distribution au Québec : Prologue inc.
                en France : Casteilla Diffusion
                en Belgique et au Luxembourg : S.A. Vander
                en Suisse : Servidis S.A.

Éditions de l'Hôpital Sainte-Justine (CHU mère-enfant)
3175, chemin de la Côte-Sainte-Catherine
Montréal (Québec) H3T 1C5
Téléphone : (514) 345-4671
Télécopieur : (514) 345-4631
www.hsj.qc.ca/editions

Dépôt légal : Bibliothèque nationale du Québec, 2002
             Bibliothèque nationale du Canada, 2002

La Collection de l'Hôpital Sainte-Justine pour les parents bénéficie du soutien du
Comité de promotion de la santé et de la Fondation de l'Hôpital Sainte-Justine.

*Le masculin est utilisé pour désigner les deux sexes, sans discrimination, et dans le seul but
d'alléger le texte.*

TABLE DES MATIÈRES

▼

AVANT-PROPOS

▼

Nous avons peu à peu compris, individuellement et comme société, que l'estime de soi avait une grande importance. Cette prise de conscience est liée au fait que nous vivons collectivement une période de profondes remises en question. Il s'agit même d'une véritable crise d'identité, due aux changements rapides que nous rencontrons. Cette crise rappelle à plusieurs égards cette période de la vie qu'est l'adolescence. L'importance que nous accordons à l'estime de soi vient également de l'inquiétude que chacun de nous ressent en voyant tant d'enfants, d'adolescents et d'adultes déprimés et enclins à se déprécier.

Les médias nous renvoient sans cesse une image déformée de notre compétence parentale et nous rappellent sans ménagement que notre société affiche chez les jeunes des taux d'abandon scolaire et de suicide parmi les plus élevés au monde. Cette situation explique notre inquiétude et en même temps nourrit notre volonté de tout faire pour contrer la violence, la dépression et l'anxiété.

Notre société s'est transformée très rapidement et, en moins de 30 ou 40 ans, les valeurs de base ont éclaté. Nous sommes passés d'une société centrée sur la famille à une société caractérisée par un taux de divorce de 49 p. 100, par une réduction spectaculaire du nombre d'enfants, par la présence de la majorité des mères sur le marché du travail et par une redéfinition du rôle des hommes et des femmes, des pères et des mères.

Cette transformation sociale provoque des tiraillements et des remises en question. Il n'est donc pas surprenant que nous ayons le goût, dans les circonstances, de concentrer notre attention et nos efforts sur les forces des personnes, sur les éléments positifs des relations humaines et sur l'espoir d'un monde meilleur. L'estime de soi est au cœur de cette démarche.

Qu'est-ce que l'estime de soi?

Chaque personne se fait une idée d'elle-même. Cette perception de soi, fortement influencée par les changements sociaux dont nous avons parlé précédemment, se construit au fil des années et n'est jamais définitivement acquise.

L'enfant se voit principalement dans le regard que portent sur lui les personnes qu'il juge importantes dans sa vie: ses parents, ses grands-parents, ses enseignants, ses amis, etc. Il se sert des paroles que ces personnes lui adressent et des gestes qu'elles ont à son endroit pour se connaître lui-même. Puis, l'enfant vieillit et les amis prennent peu à peu de l'importance jusqu'à devenir, à l'adolescence, le miroir dans lequel il ou elle se regarde.

L'âge adulte ne met pas un terme à ce processus. Certains jours, l'opinion favorable des autres nous rassure et confirme les impressions que nous avons de nous-même. À certains moments, quand cette opinion est défavorable, elle blesse et nous fait douter de nous. En fait, des recherches démontrent que l'image qu'on a de soi continue à se transformer même après 80 ans.

L'estime de soi est la valeur qu'on s'attribue dans les différents aspects de la vie. Ainsi, une personne peut avoir une bonne opinion d'elle-même au travail, mais une faible estime de soi comme parent! Chaque personne se forge une opinion d'elle-même sur le plan physique (apparence, habiletés, endurance), sur le plan intellectuel (capacités, mémoire, raisonnement) et sur le plan social (capacité de se faire des amis, charisme, sympathie). Il en va de même en amour, au travail et en ce qui concerne la créativité. Il va de soi qu'une personne ayant une bonne image d'elle-même dans la majorité de ces aspects aura une bonne estime de soi générale et que l'inverse est également vrai.

On confond souvent estime de soi et amour-propre. Il est vrai que ces deux concepts sont très proches, complémentaires même. L'amour-propre, par exemple, se définit comme le sentiment de sa propre dignité et de sa valeur personnelle, et fait référence à la fierté personnelle. Blesser l'amour-propre d'une personne, c'est l'atteindre dans son intériorité la plus profonde. Estime de soi et amour-propre sont des concepts très liés, mais la différence entre les deux réside dans la distinction qu'on peut faire entre aimer et estimer.

On peut estimer quelqu'un sans nécessairement l'aimer. Ainsi, on reconnaîtra des qualités et des compétences à une personne qu'on observe en dehors de son environnement immédiat — un personnage public ou politique par exemple — sans l'aimer en tant que personne. Or, il n'en va pas de même pour l'inverse : on ne peut aimer une personne sans l'estimer, c'est-à-dire sans lui attribuer une valeur personnelle et intrinsèque. Dans une relation d'amour et d'attachement, il est important qu'on apprécie, admire et estime les qualités, les compétences et les attitudes de la personne aimée.

Par cette comparaison entre amour-propre et estime de soi, on se rend compte qu'une personne ne peut s'aimer elle-même sans s'estimer, c'est-à-dire sans s'attribuer une valeur personnelle (qualités, forces, façon d'être, identité unique). L'adolescent est fort capable de jeter un regard critique sur lui-même pour nourrir un monologue intérieur peuplé d'auto-jugements positifs ou négatifs. Il peut juger personnellement ses actions, son rendement (son « paraître »), ses qualités, ses forces, ses difficultés, son style personnel (son «être»). C'est par le monologue intérieur ou la qualité des pensées qu'il entretient sur lui-même qu'il peut alimenter son estime de soi ou, au contraire, la déprécier. Il est très influencé par ses propres évaluations sur ses compétences ou ses caractéristiques personnelles, et par celles des personnes significatives à ses yeux.

L'adolescent peut exprimer son estime de lui-même en s'affirmant personnellement. L'affirmation de soi est en quelque sorte l'estime de soi en action. En effet, lorsqu'un adolescent est conscient de sa valeur personnelle (estime de soi), il lui est plus facile de s'affirmer en exprimant ses idées, ses opinions, ses besoins et désirs. Il est alors davantage capable de faire des choix personnels. Ainsi, grâce à l'estime qu'il a de lui-même, il arrive plus facilement à prendre sa place dans un groupe et, surtout, à se faire respecter en s'opposant aux agressions verbales ou physiques à son égard.

L'estime de soi et l'adolescence

L'adolescence est une période cruciale en ce qui concerne le développement et la consolidation de l'estime de soi. En effet, c'est à ce moment de la vie que chaque individu doit absolument trouver son identité. Pour ce faire, le jeune doit courir le risque de se séparer de ses parents en se définissant par rapport à eux et en explorant l'intimité avec des amis et avec des représentants de l'autre sexe.

Les transformations physiques qui surviennent à l'adolescence brouillent l'image que le jeune avait de lui-même. En outre, l'adolescent a la capacité de réfléchir sur des concepts abstraits et cela lui fait voir la vie et les autres sous un nouveau jour (en particulier ses parents). Enfin, il fait face à plusieurs nouveaux rôles sociaux: celui de travailleur, parce qu'il doit gagner de l'argent pour conquérir son indépendance; celui d'amoureux parce que la puberté lui fait découvrir la sexualité; et celui d'apprenti parce que la vie le met face à des choix professionnels.

Tous ces changements placent les jeunes dans une position de grande vulnérabilité et cela explique qu'ils soient parfois rébarbatifs aux adultes. En fait, ils ont besoin que nous reconnaissions leur valeur et que nous les aidions à consolider leur sentiment de fierté.

L'adolescence est une période difficile, car chacun y a pour tâche de définir sa propre identité et de l'intérioriser pour la rendre permanente. Le jeune doit d'abord apprendre à se connaître (ses qualités, ses forces, ses difficultés, ses vulnérabilités) avant de se reconnaître (estime de soi), c'est-à-dire de parvenir à bien juger ce qu'il découvre en lui. L'estime de soi s'appuie avant tout sur le sentiment de l'identité personnelle.

L'adolescence ne doit pas être perçue comme une simple récapitulation de l'enfance ou la fin des préoccupations infantiles. Le «qui suis-je?» (l'identité) et le «quelle est ma valeur?» (estime de soi) sont des préoccupations centrales à l'adolescence. C'est la connaissance de soi qui rend l'adolescent capable de se projeter dans l'avenir et de faire des choix professionnels.

Aux parents et aux éducateurs

Les parents et les éducateurs doivent aider les adolescents à développer une bonne estime de soi. De nombreuses recherches démontrent en effet que cela est au cœur de toute stratégie visant à prévenir de multiples problèmes chez les jeunes: décrochage, difficulté d'apprentissage, délinquance, abus de drogue et d'alcool, suicide, etc. Toutefois, il n'est pas facile d'entrer dans l'univers des adolescents, même si c'est avec l'intention de les valoriser, car ils cherchent souvent à s'éloigner des adultes et, pour y arriver, ils jouent les indifférents ou font comme s'ils savaient tout et n'avaient rien à apprendre.

Il faut se rappeler qu'une bonne estime de soi n'est pas synonyme de docilité et de gentillesse. Cela signifie plutôt qu'on a conscience de ses forces et de ses faiblesses, et que l'on s'accepte soi-même, avec ce qu'on possède de plus personnel, c'est-à-dire de plus précieux. Avoir une bonne estime de soi, cela veut dire assumer ses responsabilités, s'affirmer, savoir répondre à ses besoins, avoir des buts et prendre les moyens pour les atteindre. Et cela nécessite une intégrité personnelle et de la considération pour les autres. L'estime de soi, c'est d'abord et avant tout avoir confiance en soi, en ceux que l'on aime et en la vie !

Quand parents et éducateurs travaillent à consolider l'estime de soi des adolescents, ils ont comme projet éducatif de leur permettre de réaliser ce qu'ils ont de meilleur en eux. Pour ce faire, il faut évidemment qu'ils croient dans ces jeunes. De plus, en travaillant à établir de bonnes relations avec leurs adolescents, parents et éducateurs travaillent à bâtir leur propre image de soi, ce qui est un avantage non négligeable.

CHAPITRE 1

FAIRE VIVRE UN SENTIMENT DE CONFIANCE À L'ADOLESCENT

▼

La psychanalyste Françoise Dolto comparait l'adolescent à un homard qui vient de perdre sa carapace et qui doit se cacher au fond de l'eau, derrière des rochers, en attendant de trouver de nouvelles défenses efficaces. Sous des dehors indifférents et des attitudes de je-m'en-foutisme, l'adolescent dissimule une profonde sensibilité ainsi qu'une grande vulnérabilité face aux autres et aux réactions qu'il suscite.

À l'adolescence, l'enfant a l'impression qu'il ne peut plus se fier aux perceptions et aux idées anciennes. Il ne peut s'en remettre non plus à l'image qu'il avait de lui-même, puisqu'il est en continuel processus de changement. S'il reste sans repères, il perd confiance en lui et dans les autres. Il faut donc l'aider à se rassurer, en lui montrant qu'il peut compter sur vous, que vous demeurez fiable et que vous êtes toujours convaincu de sa valeur.

L'existence d'une discipline juste et souple aide également l'adolescent à acquérir un sentiment de confiance. Cette discipline doit être de type démocratique, c'est-à-dire qu'elle doit définir clairement les limites, tout en favorisant la négociation et le dialogue. Sa mise en place permet à l'adolescent de développer et de consolider un sentiment de sécurité intérieure.

Même si vous vous efforcez d'être un parent fiable et même si vous avez instauré ce type de discipline, il peut arriver que votre jeune manque de confiance en lui. Vivant un trop grand nombre de changements et éprouvant un niveau de stress trop élevé, il en arrive à ne plus trouver de paix intérieure. Dans ces circonstances, vous pouvez l'aider à reconnaître les effets du stress sur lui et à trouver des moyens personnels d'y faire face. En prenant conscience des pressions qu'exercent sur lui l'école, la famille et la société, vous deviendrez plus compréhensif à son égard et prendrez avec plus de philosophie ses réactions à l'emporte-pièce.

L'adolescent doit sentir que ses parents lui font confiance

La confiance en soi comme personne

Le sentiment de confiance est contagieux. Pour pouvoir le transmettre à son adolescent, le parent doit ressentir lui-même cette confiance, d'abord comme personne et ensuite comme parent. Cette attitude s'appuie sur l'estime qu'on a de soi, sur le sentiment de sa valeur personnelle.

? Vérifiez le niveau de confiance que vous avez en vous-même en vous posant les questions suivantes:

Est-ce que...

- je suis satisfait de ma santé?
- je suis satisfait de mon apparence physique?
- je suis habile dans certains sports?
- j'ai certaines habiletés manuelles?
- j'ai une bonne capacité de raisonnement?
- je suis apprécié de mes amis?

- j'aime essayer des choses nouvelles ?
- je sais me débrouiller face à des difficultés ?
- je suis d'humeur joyeuse et agréable ?
- je suis capable de gérer mon stress ?

La confiance en soi se développe à n'importe quel moment de la vie. Elle est associée à une relation d'attachement et elle se construit en intériorisant des expériences agréables au cours desquelles on a fait preuve de qualités, de talents et de capacités relationnelles. La confiance que l'on porte en soi comme parent s'appuie d'abord et avant tout sur un sentiment de confiance personnelle comme adulte.

La confiance en soi comme parent

Il importe d'évaluer le plus objectivement possible vos attitudes et vos actions éducatives à l'égard de votre adolescent, ainsi que les soins que vous lui prodiguez.

Vérifiez le niveau de confiance que vous avez comme parent en vous posant les questions suivantes :

Est-ce que...

- je comprends les divers besoins de mon ado ?
- je l'aide à gérer son stress ?
- je suis à l'écoute de ses sentiments, de ses idées et de ses opinions ?
- je favorise son autonomie ?
- je l'aide dans ses initiatives ?
- je souligne ses efforts et ses succès ?
- je favorise sa socialisation ?

La confiance que l'on a en soi comme parent est conditionnée par les expériences que l'on a vécues avec son enfant depuis sa naissance. Certaines ont été très heureuses alors que d'autres se sont avérées difficiles. Comme parent, chacun se reconnaît des points forts qui ont aidé au développement de l'enfant au cours des années précédentes. Ce sont ces forces qui deviennent les assises de la confiance en soi comme parent et qui donnent une assurance personnelle dans l'éducation de l'adolescent. Le sentiment de confiance de l'adolescent à l'égard de ses parents n'apparaît pas par magie. Il grandit jour après jour et ne se manifeste que lorsque les parents sont fiables dans leurs actions quotidiennes. La confiance naît de la fiabilité.

Mon adolescent peut me faire confiance

 Vérifiez votre niveau de fiabilité en vous posant les questions suivantes :

Est-ce que...

- je tiens les promesses que je fais à mon ado ?
- je vis moi-même les valeurs que je lui transmets ?
- je suis d'humeur égale ?
- ma discipline à la maison est influencée par mes humeurs ?
- j'arrive à l'heure à mes rendez-vous ?
- je suis sûr de mes décisions ?
- je persévère dans mes décisions malgré les difficultés ?
- je garde mes idées malgré les pressions extérieures ?
- je termine ce que j'ai commencé ?
- je tiens mes promesses dans les délais prévus ?

Ma confiance envers mon enfant devenu adolescent

Ce n'est pas parce que l'enfant est devenu adolescent qu'on a soudainement confiance en lui. La confiance entre le parent et l'enfant est un sentiment qui se développe graduellement. Pour y arriver, il faut que s'établisse une relation de sécurité et d'attachement entre les deux et que le parent reconnaisse les forces, les habiletés et les talents de l'adolescent.

De l'enfance à l'adolescence, votre confiance à l'égard de votre enfant est demeurée stable ou s'est enrichie ou appauvrie. Cela s'est fait selon ce que vous avez vécu avec l'enfant durant son développement et selon la qualité des adaptations mutuelles. De plus, n'oubliez pas qu'il peut exister un écart entre la confiance que vous portez à votre jeune et celle qu'il ressent lui-même à son égard.

? **Vérifiez le niveau de confiance que vous avez à l'égard de votre enfant en vous posant les questions suivantes:**

Est-ce que mon ado...

- est habile dans certains sports?
- est habile dans des activités manuelles?
- a une bonne capacité de raisonnement?
- exprime ses idées et ses sentiments?
- est sociable?
- est capable de se contrôler?
- est capable d'initiatives?
- fait preuve d'autonomie?
- assume bien ses responsabilités?
- se débrouille face à des difficultés?

Comment aider mon adolescent à acquérir une plus grande confiance en lui ?

Voici quelques grands principes à respecter parce qu'ils sont susceptibles d'aider votre enfant à maintenir sa confiance en lui ou à en acquérir une plus grande.

Il faut éviter…

- de trop le protéger ou de le contrôler abusivement ;
- d'avoir des attentes irréalistes à son égard.

Il faut surtout l'aider…

- à être moins dépendant de vous ;
- à vivre des expériences variées ;
- à faire des choix tout en prenant conscience des conséquences positives et négatives qui en découlent ;
- à accepter ses erreurs et à les voir comme des occasions d'évoluer.

L'adolescent doit participer à l'élaboration des règles qui le concernent

Tous les parents attendent de leur adolescent une maîtrise de plus en plus grande de ses conduites, de ses comportements et de ses attitudes. L'adolescent capable d'autodiscipline est celui qui a été encouragé très tôt à être autonome et qui continue d'être guidé et encouragé dans ses initiatives personnelles.

Toute famille doit définir des règles de conduite précises pour prévenir les malentendus et les conflits, et aussi pour déterminer les droits et les privilèges de chacun. Ces règles sont des outils essentiels pour faire régner l'harmonie familiale.

Des règles claires

Les règles permettent de véhiculer des valeurs éducatives claires. Mentionnons, à titre d'exemple, le respect de soi, le respect des autres, la tolérance face aux différences, la compréhension mutuelle, etc.

Des règles concrètes

Les règles familiales doivent être établies en fonction des comportements concrets que l'on souhaite. On qualifie un comportement de concret lorsqu'on peut l'observer et le mesurer.

Des règles constantes

L'application des règles ne doit pas varier selon l'humeur ou le caprice de l'adulte ou du jeune. De plus, il est important d'offrir au jeune une vraie marge de liberté à l'intérieur d'un cadre de vie dont les possibilités et les limites sont clairement établies, stables et constantes. Ce type d'encadrement familial sécurise le jeune et lui permet de percevoir ses parents comme des êtres prévisibles, fiables et dignes de confiance.

Des règles conséquentes

Tous les adolescents ont, à des degrés divers, une propension à transgresser les règles. Il est important qu'ils assument les conséquences qui découlent de leurs écarts de conduite. Pour cela il faut établir des règles claires et des sanctions logiques.

Ces règles et ces sanctions doivent être relatives au bon sens. Il est bon que tous les membres de la famille en discutent et les acceptent. Une sanction logique est naturellement liée au comportement d'un individu ou d'un groupe, et elle met en évidence le résultat d'un acte ou d'un comportement particulier.

Voici différents types d'interventions possibles face à un comportement inadéquat.

- **ARRÊTER** l'action.

Mettre fin à un comportement jugé dangereux pour soi ou pour les autres. Cet arrêt peut s'effectuer avec des moyens dont la famille dispose ou en utilisant les services d'alliés naturels, comme les intervenants scolaires. Exemples de comportements dangereux qui peuvent requérir ce type d'intervention : frapper, agresser, consommer abusivement, se mutiler, faire usage d'arme à feu ou d'arme blanche, etc.

- **RECONNAÎTRE** les émotions et les sentiments.

Derrière un comportement inadéquat ou désagréable se cachent souvent des sentiments ou des besoins qui ne sont pas exprimés comme tels. Cela vaut la peine d'essayer de les découvrir avant de réagir au comportement. Exemples de comportements inadéquats ou désagréables qui peuvent requérir ce type d'intervention : mauvaise humeur, bouderie, repli sur soi, intolérance, frustration, insatisfaction, provocation, etc.

- **EXPRIMER** clairement le sens des valeurs et des règles familiales.

À la suite d'un comportement inadéquat, le parent peut « éclairer » le sens de la valeur ou de la règle transgressée. Il en précise le sens caché en expliquant la conduite attendue, ainsi que le principe qui la sous-tend. Exemples de comportements inadéquats qui peuvent requérir ce type d'intervention : individualisme, absence de solidarité, refus de coopérer, refus de partager, refus de s'impliquer, etc.

- **NÉGOCIER** les conflits relatifs aux besoins.

Les comportements inadéquats de l'adolescent sont souvent le résultat d'un manque de communication avec ses parents.

Lorsque les besoins de l'adolescent et ceux de ses parents sont explicités, partagés et situés dans un cadre réaliste pour les deux parties, la possibilité de vivre en harmonie est augmentée d'autant. Exemples de comportements inadéquats qui peuvent requérir ce type d'intervention : entrées tardives, dépenses excessives d'argent, désordre dans la chambre, mauvais usage des espaces communs, etc.

Notons ici que la plupart des conflits entre parents et adolescents sont le résultat de l'ambivalence des jeunes à assumer leurs responsabilités et leur autonomie, ainsi que de la tendance des parents à projeter sur leurs enfants leurs propres rêves, désirs et attentes.

Des règles cohérentes

Être cohérent, c'est donner l'exemple. L'adulte cohérent respecte lui-même les règles qu'il privilégie. Il agit en fonction des valeurs qu'il veut transmettre à l'adolescent. En témoignant par l'exemple, il inspire la confiance.

Types de parent et de discipline

Types de parent

Type I

Vous vivez bien la période de l'adolescence. Vous encouragez votre jeune à s'affirmer, à prendre ses responsabilités et à devenir autonome, vous êtes une personne cohérente qui fait preuve de souplesse et de fermeté.

Type II

Vous vivez difficilement cette période de l'adolescence. Demandez-vous alors si vous pratiquez vous-même ce que vous exigez de votre jeune. Il se pourrait qu'il y ait une lutte de pouvoir entre vous et lui ! Les parents qui font preuve de trop de rigidité ou qui ne sont pas assez fermes n'encouragent pas leur jeune à s'affirmer positivement. N'oubliez pas que la négociation permet de résoudre bien des conflits.

Type III

Vous vivez cette phase de l'adolescence comme une attaque personnelle contre vous ou, tout au moins, comme une remise en question de votre autorité. Réfléchissez à votre propre attitude face à l'autorité. Si vous n'arrivez pas à créer le « lien » avec votre jeune, cherchez de l'aide. Cela en vaut vraiment la peine, autant pour vous que pour lui ou elle.

TYPES DE DISCIPLINE

Autoritaire

Les parents veulent absolument tout planifier, décider et contrôler. En général, ce n'est que pour la forme qu'il consultent. L'adolescent devient soit très conformiste, soit révolté. Dans les deux cas, il est découragé, dépressif et malheureux.

Basée sur le laisser-faire

Les parents laissent l'adolescent décider de tout sous le prétexte qu'il doit faire ses propres expériences. L'adolescent n'a aucun cadre de référence stable et digne de confiance. Il expérimente au gré de ses désirs et de ses impulsions. Il présente des comportements à risque et ses expériences ne sont pas toujours positives. À la limite, il se sent peu important pour ses parents, négligé ou abandonné.

Démocratique

Les parents ont des règles claires, concrètes, constantes, conséquentes et cohérentes. Ils sont capables de témoigner par l'exemple et de négocier la vie en commun. Ils sont souples, mais fermes sur certains points. Les adolescents continuent de s'affirmer en contestant, mais ils apprennent peu à peu à comprendre et à accepter les réalités et les responsabilités de la vie en commun.

 Essayez de voir si vous pratiquez une discipline démocratique avec votre adolescent en vous posant les questions suivantes:

Est-ce que...

- je tiens compte de ses besoins?
- je propose des solutions face aux affrontements et aux conflits?
- je suis ouvert aux échanges et à la communication?
- je suis souple dans mes décisions et dans ma façon de les appliquer?
- je suis capable de m'affirmer à l'intérieur de mes limites personnelles?
- j'accepte de laisser passer des choses?
- je témoigne par l'exemple?
- j'accepte que mon ado exprime toutes ses opinions?
- j'enseigne la tolérance par la tolérance?
- j'encourage la curiosité et les initiatives personnelles?
- je favorise l'autonomie et le sens des responsabilités?
- je lui propose des activités agréables?
- je félicite mon ado lorsqu'il démontre de la détermination?
- je lui démontre ma confiance?
- je l'aide à agir seul?

L'éducation familiale peut grandement aider à rendre l'adolescent autonome. Il ne suffit pas uniquement de l'amener à se discipliner, il faut aussi lui permettre d'apprivoiser son intuition, son intelligence et sa liberté.

L'adolescent doit apprendre à gérer son stress

Les causes du stress à l'adolescence

Selon plusieurs auteurs, les principales causes du stress à l'adolescence sont :

- le divorce des parents ;
- les disputes entre les parents ;
- la délinquance du père ;
- la dépression de la mère.

Il est nécessaire que les adolescents se détachent de leurs parents. Or, ils ne peuvent pas le faire facilement si ceux-ci ne représentent pas des modèles solides et sécurisants. Dans ce cas, les jeunes deviennent vite anxieux.

Si vous vous rendez compte que votre enfant a vécu des moments de grand stress familial au cours des six derniers mois, prenez des mesures pour le ménager en évitant d'en faire un confident ou un témoin de vos conflits. Vous pouvez également lui parler de la situation d'ensemble et lui suggérer différentes façons de contrer son stress.

Le stress provoque beaucoup de tensions et a des effets sur la santé physique et le comportement. Il peut être engendré par l'image corporelle que votre jeune a de lui-même, par sa vie scolaire, par sa vie familiale, par sa vie sociale ou sa vie amoureuse.

SAVIEZ-VOUS QUE...

Une recherche effectuée au Canada auprès de 200 jeunes de 12 à 17 ans révèle que les filles sont en général plus stressées que les garçons. Les principales causes du stress chez les filles sont l'apparence physique et le travail scolaire. Chez les garçons, les préoccupations vont au travail scolaire et à l'argent.

Les adolescents, comme les adultes, réagissent au stress soit par des symptômes physiques (maux de tête, tics, etc.), soit par des problèmes de comportement ou d'apprentissage (agressivité, retrait, perte de mémoire, etc.).

Le stress est étroitement lié à la nouveauté, au changement et au processus d'adaptation. Nous nous sentons bien quand notre vie est stable et prévisible. En revanche, une tension naît quand les changements se produisent en trop grand nombre, même s'il s'agit d'événements agréables. Soulignons, d'autre part, qu'il est possible de se préparer au changement. Il est donc important que les parents sécurisent leurs jeunes en dédramatisant les situations.

MISE EN SITUATION

Vous devez déménager pour votre travail. Vous savez que votre adolescent tient énormément à ses amis et à son milieu de vie. Vous vous demandez comment vous allez le préparer à ce changement. Prenez connaissance des quelques suggestions qui suivent.

- Parler longtemps à l'avance de ce déménagement avec votre jeune et accepter qu'il commence par mal réagir.

- Laisser passer du temps et revenir sur le sujet en soulignant que vous comprenez sa réaction.

- Donner et expliquer les raisons qui justifient votre décision de déménager.

- Explorer avec votre jeune les aménagements possibles qui pourraient atténuer les effets de ce déménagement (possibilité d'accueillir les amis dans la nouvelle maison, permission d'aller passer des fins de semaine chez les amis, possibilité d'avoir, dans le budget familial, un poste spécial pour les dépenses téléphoniques, etc.)

- Ne pas moraliser, car cela ne sert à rien: «Tu sais bien que je ne peux pas faire autrement! Tu n'es pas raisonnable!»

- Ne pas minimiser l'impact du déménagement: «Tu vas te faire de nouveaux amis! La maison va être plus grande et plus belle!»

- Ne pas faire preuve d'une autorité tranchante: «C'est comme ça et il faudra bien que tu t'y fasses!»

- Parler de votre projet avec les amis de votre jeune en sa présence et vous montrer ouvert à leurs réactions.

Les parents évitent parfois de parler des changements qui s'en viennent parce qu'ils craignent les réactions de l'adolescent. Ils veulent éviter des conflits ou des réactions émotives intenses. Or, c'est le contraire qui se produit. Moins on parle de ces changements avec l'adolescent et plus celui-ci les perçoit comme injustes et négatifs. Il peut même en venir à les considérer comme des complots contre lui.

Lorsqu'un individu est stressé, il doit absolument trouver une façon de diminuer la tension. S'il ne le fait pas, il s'expose à être malade et à avoir des problèmes de comportement. Les parents, tout comme les adolescents, doivent découvrir leurs propres moyens d'affronter le stress.

Voici quelques moyens à utiliser pour diminuer le stress.

- Se coucher pour relaxer.
- Rêver.
- Écouter de la musique.
- Rire.
- Courir, faire du sport, dépenser de l'énergie.
- Faire du ménage, cuisiner.
- Parler à quelqu'un en qui on a confiance.
- Jardiner.
- Lire, écouter la télévision.
- Écrire, peindre.
- Prendre un bain chaud ou se faire masser.
- Faire une autre activité agréable.

SAVIEZ-VOUS QUE...

Nous avons constaté que les garçons, à l'adolescence, ont plutôt tendance à s'activer physiquement pour diminuer leur stress. Il leur est plus facile de se détendre après une activité intense. Les filles, pour leur part, ont plutôt tendance à parler à leur meilleure amie pour se calmer. Garçons et filles semblent trouver dans la musique un bon moyen d'échapper aux tensions quotidiennes ; malheureusement, cette musique est souvent une source de stress pour les parents !

Rappelez-vous !

Il faut d'abord avoir confiance en soi comme parent avant d'arriver à faire confiance à son adolescent.

La confiance se construit dans l'action. Quand on protège trop un jeune, on le dévalorise et on l'empêche de trouver des façons personnelles de s'adapter aux situations. Quand on lui laisse une entière liberté, on lui fait vivre un état d'insécurité et on le pousse à tester nos limites.

La discipline qu'on appelle démocratique établit des règles en tenant compte de chacun des membres de la famille. Elle est basée sur la communication, sur la négociation et sur une fermeté chaleureuse. Le jeune qui connaît les limites de ses parents et qui se rend compte qu'on prend le temps de le consulter vraiment a une meilleure estime de soi.

Le stress fait partie de la vie. Mais s'il survient trop souvent ou s'il est trop intense, cela réduit le sentiment de sécurité intérieure. Ni les parents ni les adolescents ne peuvent vivre longtemps avec un grand stress sans devenir négatifs envers eux-mêmes et les autres. Il est important de reconnaître les causes et les symptômes du stress, et de découvrir les meilleurs moyens pour retrouver la paix intérieure.

 Demandez-vous si vous faites vivre un sentiment de confiance à votre ado ? Vous pouvez le vérifier en vous posant les questions suivantes :

Est-ce que…

- je suis un parent fiable ?
- je fais confiance à mon ado ?
- je crois en ses capacités ?
- je lui permets d'être différent de moi ?
- je tiens compte de son opinion ?
- mon ado participe à l'élaboration des règles familiales ?
- les règles familiales sont claires et concrètes ?
- les règles familiales tiennent compte de chacun des membres de la famille ?
- j'aide mon ado à reconnaître les symptômes du stress ?
- je l'aide à trouver des façons de réduire ce stress ?

Grâce à l'acquisition d'une nouvelle structure intellectuelle qu'on appelle la pensée formelle, l'adolescent, vers 14 ans, commence à réfléchir de façon abstraite, à faire de nouveaux liens logiques et à prendre du recul face aux réalités concrètes. Bref, il devient capable de philosopher et d'inventer des rêves et des projets qui nous semblent parfois bien irréalistes.

Chapitre 2

Aider l'adolescent à se connaître

▼

Les parents ont parfois de la peine à croire en la capacité de raisonnement de leurs jeunes. En effet, ceux-ci sont rarement expansifs avec leurs parents et, règle générale, ils communiquent difficilement avec eux. Cette difficulté à communiquer provient du fait qu'à cette période de leur vie les jeunes, tout en acquérant de nouvelles capacités mentales, doivent absolument se séparer de leurs parents, s'affirmer et devenir autonomes. Les parents qui comprennent ces besoins fondamentaux ont plus de facilité à faire le deuil de l'enfance et voient avec fierté leurs adolescents prendre leur envol.

Il est normal de s'inquiéter de la témérité de l'adolescent. Mais cette inquiétude, si elle se traduit par une volonté de trop le protéger ou de le contrôler de façon excessive, ne fait que le pousser davantage au silence ou à la révolte. Malgré ses airs indépendants, l'adolescent a besoin d'amour, d'écoute, de compréhension et de respect. Toutefois, ces besoins ne peuvent plus être comblés de la même façon qu'auparavant ; il faut maintenant trouver les mots justes et les bons gestes. Voilà un beau défi pour les parents !

Que faire pour qu'un jeune ait une bonne estime de soi ? Il importe avant tout que les deux parents le reconnaissent comme il est, avec ses forces et ses limites personnelles, et respectent ce qu'il est. Cela n'empêche pas les parents d'avoir des attentes par rapport à leur adolescent ; mais celles-ci doivent tenir compte de la nouvelle personne qui se tient devant eux. Cette dernière cherche à se définir, elle le fait souvent avec maladresse, mais toujours avec la formidable énergie de la jeunesse.

L'adolescent doit être aimé, apprécié, écouté et compris

Aimer et le dire

Votre petite fille était douce et docile, enjouée et très ouverte. Un beau matin, vous vous trouvez face à une jeune fille qui répond par « non » à vos demandes, qui a des sautes d'humeur et qui vous cache ses petits secrets. Bien sûr, vous l'aimez cette adolescente ! Mais il y a des jours où, pour entretenir votre amour, vous pensez avec nostalgie à votre petite fille d'autrefois.

? **Demandez-vous quelles sont les facettes de la personnalité de votre jeune que vous appréciez particulièrement...**

- sa beauté ;
- son habileté ;
- son intelligence ;
- sa gentillesse ;
- etc.

...et prenez le temps de le lui dire.

Les adolescents ressentent le besoin de mettre une distance physique entre eux et leurs parents car la puberté donne un caractère sexuel aux rapports humains et fait remonter les fantasmes œdipiens. Les « petits mots d'amour » peuvent encore avoir leur place quand on est en famille, mais jamais devant les amis. Les parents doivent trouver de nouveaux moyens pour exprimer leur affection à leur jeune.

Il est difficile pour les parents de faire le deuil de l'enfance et de renoncer à une certaine forme d'intimité avec leurs enfants. Mais il faut le faire et découvrir de nouvelles manières de manifester son amour parce que les adolescents ont toujours besoin de se sentir aimés.

Apprécier et le dire

Aimer est un élan du cœur, apprécier est davantage un mouvement de l'esprit. On peut apprécier les comportements de quelqu'un qu'on aime, mais aussi ceux d'une personne qu'on n'aime pas ou peu. Pensons, à titre d'exemple, à l'adolescent du nouveau conjoint ou de la nouvelle conjointe avec lequel on n'a pas nécessairement d'affinités, mais dont on peut apprécier certains comportements ou certains traits de personnalité. C'est une bonne façon de commencer à établir une relation positive avec un autre que de l'observer et de marquer ouvertement son appréciation.

Savoir écouter

En général, les adolescents ne sont pas très loquaces et très communicatifs. Il faut comprendre que leur univers est de plus en plus centré sur les relations amicales et amoureuses. Ils ont besoin de leur intimité, de leurs secrets, de leurs rituels (vêtements, styles de coiffure, etc.) comme d'avoir leur jargon bien à eux. Les parents, à trop vouloir dialoguer, les font fuir. Mais ceux qui renoncent à communiquer perdent le contact avec les jeunes.

Une bonne façon de communiquer consiste à s'intéresser sincèrement à ce que l'autre nous dit, sans le juger, sans le critiquer et sans argumenter.

Il y a des moments particuliers où il est peut-être plus facile de parler avec votre jeune. Cela peut être le matin avant le départ pour l'école, à l'heure des repas, en soirée ou durant le week-end.

 Choisissez une situation, visualisez-la et demandez-vous quelle serait la meilleure stratégie pour entrer en contact avec votre jeune.

- Vous installer tout près et attendre qu'il réagisse.
- Faire une farce.
- Passer un commentaire général qui le concerne.
- Vous intéresser à ce qu'il est en train de faire.
- Lui dire que vous aimeriez lui parler.
- Parler de vous, de votre journée, de vos projets.
- Parler de lui.
- S'informer de ses projets, de ses amis.

Il est important que vous vous exerciez à écouter votre jeune en vous montrant intéressé à ce qu'il fait, regarde ou écoute au moment où vous l'abordez. Ne passez pas de commentaires, contentez-vous d'abord d'écouter. Puis, dans un deuxième temps, parlez de vous, de vos propres goûts, de vos intérêts et de vos sentiments.

L'important, c'est que le contact soit bon et agréable, non moralisateur et non provocant. En vous exerçant à dialoguer sur des choses anodines, vous préparez le terrain pour aborder ensuite des sujets plus personnels.

Lorsqu'on a le sentiment d'être réellement écouté, on se sent important et cela a un impact direct sur notre estime de soi.

Se sentir compris

Être compris, cela veut dire nécessairement être reconnu dans ses sentiments, dans ses goûts, dans ses désirs et dans ses idées. C'est bien davantage qu'être écouté !

Votre jeune a des sentiments, des goûts, des désirs et des idées qui lui sont propres. En ce qui concerne ses goûts, il est important de les connaître et, lorsque c'est fait, d'adopter un comportement approprié. Par exemple, vous n'avez pas à faire semblant d'aimer ses cheveux rouges ! Mais vous ne pouvez pas non plus critiquer et ridiculiser votre jeune qui aime avoir les cheveux de cette couleur-là. La recherche de l'identité passe parfois par l'originalité ou la marginalité. Vous avez à être sincère avec votre ado, mais jamais à faire preuve d'irrespect !

L'adolescent doit se séparer, s'affirmer et devenir autonome

Avant que l'adolescent consolide son identité, il passe par des stades de malaises et d'existence fragmentée, des tentatives d'opposition, de rébellion et de résistance, des phases d'expérimentation, de mise à l'épreuve de soi par la pratique de l'excès, et tout cela a son utilité positive dans le processus d'autodéfinition.

Peter Blos

L'adolescent doit se séparer de ses parents

L'alternance d'affirmations d'indépendance provocatrices et de demandes d'aide infantiles marque souvent le processus qui mène votre adolescent à son autonomie par rapport à vous.

En pensant à votre jeune, en dressant son portrait en quelque sorte, vous découvrirez qu'il est plutôt :

- rebelle : ses comportements et ses attitudes illustrent son désir irrésistible de prendre ses distances par rapport à vous ;

- dépendant : ses comportements et ses attitudes illustrent ses craintes de s'éloigner de vous et de gagner son indépendance ;

- manipulateur : ses comportements et ses attitudes illustrent son ambivalence, c'est-à-dire sa dépendance en même temps que son autonomie par rapport à vous ;

- autonome : ses comportements et ses attitudes illustrent sa capacité de se percevoir comme différent de vous tout en souhaitant vivre une relation positive avec vous.

Avec l'adolescence, on commence à abandonner progressivement la dépendance infantile en mettant en cause les influences des parents et de l'entourage familial. Certains parents craignent beaucoup de voir leur jeune prendre ses distances, afficher son style personnel et préférer ses amis à sa famille. Qu'en est-il pour vous ? Êtes-vous inquiet, avez-vous peur que votre ado vive des expériences négatives ? Avez-vous plutôt confiance qu'il fasse les bons choix ? Avez-vous la conviction intime qu'il sait bien prendre soin de lui ?

L'adolescent doit s'affirmer

Pour se développer harmonieusement, votre jeune a besoin de votre amour et de votre compréhension. Il doit aussi sentir que vous lui « permettez » de devenir de plus en plus indépendant. En d'autres mots, votre jeune éprouve le besoin que vous l'appuyiez dans sa recherche d'affirmation personnelle et dans la découverte de sa propre identité.

Découvrez vos attitudes face à l'affirmation de votre jeune en vous posant les questions suivantes :

Est-ce que...

- j'ai tendance à vouloir contrôler ses allées et venues ?

- je m'assure constamment qu'il prend ses responsabilités (à l'école et à la maison) ?

- je lui répète fréquemment les règles, les consignes et les façons de faire de la famille ?

- je lui laisse prendre ses responsabilités à sa façon ?

- je l'encourage à participer et à partager les tâches domestiques ?

- je veux qu'il exprime ouvertement ses points de vue, ses différences et ses goûts ?

- j'exerce un contrôle sur ses fréquentations et sur les endroits où il se tient ?

- je vérifie fréquemment son comportement à l'école ?

- j'ai de la difficulté à laisser mon ado se coiffer et s'habiller à sa guise ?

- j'ai tendance à imposer mes solutions lorsque nous sommes en conflit l'un avec l'autre ?

- je m'inquiète lorsque je ne sais pas où il se trouve ni ce qu'il est en train de faire ?

- j'ai confiance dans sa capacité d'organiser sa vie de façon harmonieuse ?

- je lui dis quelquefois : « Choisis et décide toi-même, tu en es capable ? »

- je vais immédiatement à l'école lorsque mon ado y vit des difficultés ou des conflits personnels ?

- je suis plus autoritaire à son égard que la majorité des autres parents?

- je suis plus compréhensif à son égard que la majorité des autres parents?

- j'achète la paix parce que je n'ai pas envie de vivre des conflits douloureux?

- je lui laisse faire ses quatre volontés, car j'estime avoir fini de jouer mon rôle de parent?

- j'ai de la difficulté à laisser mon ado organiser sa chambre à sa façon?

- je suis incapable de tolérer qu'il soit en tête-à-tête avec une personne de l'autre sexe?

- je me considère comme un parent qui favorise la soumission, la conformité extérieure ou l'affirmation de soi?

SAVIEZ-VOUS QUE...

Communiquer, c'est faire en sorte que le message passe. Le message doit non seulement être reçu, mais aussi compris. La communication comporte deux attitudes fondamentales: savoir écouter attentivement et savoir s'exprimer ouvertement. Quelquefois, le fossé qui sépare parents et adolescents n'est fait que d'une barrière de langage qu'une communication quotidienne peut éliminer.

L'adolescent est généralement attiré par des personnes qui l'aident, qui ont de l'empathie, et qui sont capables de se mettre à sa place. Il s'identifie à ceux qu'il admire et respecte, et il les imite. L'identification a lieu quand l'adolescent sent qu'il existe une similarité entre lui et la personne admirée. Il désire alors s'identifier à cette personne, d'autant plus qu'il se croit capable de lui ressembler.

L'adolescent doit être autonome

Être autonome, c'est:

- rompre des liens de dépendance;

- prendre le temps de se demander ce qui est important pour soi;

- être en mesure d'articuler et de soutenir son opinion (dire oui ou dire non, selon sa propre vision intérieure);

- exprimer ouvertement ce que l'on ressent (pensées, émotions, besoins, choix, décisions, etc.);

- affirmer ses limites (se faire respecter, refuser une impolitesse, une parole blessante, etc.);

- révéler ce que je veux tout en prenant en considération ce que l'autre désire, ressent ou pense;

- faire des choix personnels.

 Demandez-vous si vous êtes un adulte autonome en vous posant les questions suivantes:

Est-ce que...

- j'ai une vision positive et constructive de mon existence?

- j'ai une bonne estime de moi-même?

- je suis capable de m'autodéterminer?

- j'arrive à gérer mon stress, mon anxiété et mes angoisses?

- je choisis les moyens appropriés pour me faire une existence harmonieuse ?

- je peux élaborer des projets d'avenir concrets et réalistes ?

- j'arrive à goûter les joies de l'instant présent ?

- je prends soin de ma santé physique ?

- je suis capable d'innovation et de créativité (dans mes relations et dans mon travail) ?

- je réussis à atteindre les objectifs et les buts que je me fixe ?

- je suis capable de prendre des initiatives (relationnelles, familiales et professionnelles) ?

Un environnement familial chaleureux, organisé et ouvert aide l'adolescent à accéder au statut d'adulte autonome, équilibré et satisfait de son existence.

Il y a sûrement lieu de favoriser davantage l'autonomie de chacun, parents comme ados. C'est donc le temps de trouver les objectifs et les moyens qui feront que chacun pourra vivre avec les autres de façon autonome. Par exemple, on peut décider que l'objectif consiste à communiquer davantage et que pour y arriver, il faut y consacrer quinze minutes par jour.

L'autonomie est une compétence qui s'acquiert par la pratique quotidienne.

SAVIEZ-VOUS QUE...

Construire son autonomie, c'est:

- reconnaître ses forces, ses habiletés et ses capacités personnelles, et croire en elles;

- découvrir, nommer et répondre adéquatement à ses besoins;

- développer et apprécier ses compétences à trouver des solutions créatrices à ses problèmes personnels;

- prendre des décisions pour son bien-être personnel et pas seulement pour faire plaisir aux autres;

- apprendre à s'aimer et à s'estimer;

- s'accorder le droit de refuser des demandes et de ne pas répondre aux attentes, aux désirs et aux souhaits des autres;

- reconnaître, nommer et accepter ses émotions;

- apprendre à se faire confiance dans l'action et dans ses relations;

- se faire respecter et respecter les autres;

- ressentir de la fierté à son égard; reconnaître ses comportements et ses réalisations, et les valoriser;

- s'accorder le droit d'être différent et tolérer la différence chez les autres;

- être capable de prendre des décisions et des initiatives;

- être capable de réfléchir, d'agir et, finalement, d'évaluer les résultats de ses actions.

L'adolescent doit d'être reconnu et respecté pour ce qu'il est

L'adolescence est la période de la vie qui se caractérise par la quête de l'identité personnelle. Au cours de cette phase, le jeune doit reconnaître et intérioriser une image réaliste de lui-même qui forme un tout unifié. Il doit définir son style personnel conformément à ses forces et à ses faiblesses.

L'estime de soi est un processus qui permet de prendre conscience de sa valeur personnelle et de conserver ce sentiment, qui s'affirme malgré les difficultés et les vulnérabilités. Celles-ci deviennent en effet des obstacles à surmonter et des défis à relever. Il est important que les parents accompagnent leur adolescent au cours de ce processus. Leur première tâche consiste à percevoir les caractéristiques de l'adolescent et à les reconnaître, c'est-à-dire à lui souligner fréquemment ses forces et ses faiblesses. L'adolescent doit être apprécié dans sa totalité pour intérioriser une bonne estime de lui-même.

Les forces

Demandez-vous si vous connaissez bien les habiletés et les forces que votre jeune a intégrées tout le long de son développement :

- ses habiletés physiques (dans les sports, en danse, en bricolage…) ;
- ses habiletés intellectuelles (capacité d'analyse, de synthèse, d'abstraction, de jugement pratique, de planification, de mémoire, de généralisation…) ;
- ses habiletés créatrices (expression corporelle et verbale, dessin, musique…) ;
- ses qualités relationnelles et sociales (capacité d'écoute, d'expression de ses idées et de ses sentiments, capacité

d'empathie, de coopération, de générosité, capacité de se faire des amis, capacité de s'affirmer, de faire des choix, de demander, de respecter les figures d'autorité…).

Les faiblesses

L'estime de soi suppose aussi qu'on a conscience de ses difficultés et de ses vulnérabilités. Par contre, l'adolescent qui a une bonne estime de lui-même est tout aussi conscient qu'il possède les ressources pour les surmonter.

Demandez-vous si vous connaissez bien les vulnérabilités de votre jeune :

- dans les activités physiques (motricité globale [sports, danse], motricité fine [dextérité manuelle], sports, gymnastique, bricolage…) ;

- dans les activités intellectuelles (analyse, synthèse, abstraction, jugement pratique, planification, mémorisation, généralisation, expression verbale, créativité) ;

- dans ses relations sociales (instabilité d'humeur, agressivité, anxiété, tristesse, peurs, hypersensibilité, opposition, maladresse sociale, manque de confiance, provocation, contrôle excessif, tendance à l'isolement, rejet du groupe, instabilité dans ses amitiés…).

Toute personne possède des zones de vulnérabilité. Il est important de faire comprendre cette réalité à votre adolescent et de l'aider également à voir ces vulnérabilités comme des obstacles à surmonter et des défis à relever. La tâche sera plus facile si vous lui faites part des difficultés que vous avez vous-même rencontrées, ainsi que des vulnérabilités que vous vous reconnaissez. Dites-lui comment vous avez surmonté les obstacles et comment il a lui-même les ressources suffisantes pour vaincre les siens. Cette sincérité de votre part lui donnera de l'espoir!

« Les mots pour le dire »

Les adolescents sont extrêmement sensibles à ce qu'on leur dit. Ils se sentent blessés lorsque nos paroles contiennent une critique. Souvenez-vous qu'il est important de dire des mots qui font plaisir. À l'occasion, n'hésitez pas à utiliser des phrases qui ressemblent à celles qui suivent:

— «Tu t'améliores beaucoup à l'école!»

— «Je trouve que tu as beaucoup de talent dans…»

— «Nous sommes très contents d'avoir un garçon (ou une fille) comme toi!»

— «Tu as un si beau sourire!»

— «Je suis certain que tu es capable de…»

— «C'est beau, continue!»

— «Quand tu fais quelque chose que tu aimes, tu es très persévérant!»

— «Je suis fier de toi, tu sais!»

L'adolescent doit sentir que ses parents ont des attentes réalistes

Il existe peut-être un écart entre l'adolescent que vous imaginez et celui qui existe en réalité. Si le décalage est marqué et qu'il se fait au profit de l'adolescent rêvé, il faut que vous parveniez à en faire le deuil. Il est de la toute première importance que vous considériez votre jeune pour ce qu'il est réellement et non pas pour ce que vous désiriez qu'il soit.

VEUILLEZ VÉRIFIER VOS BILLETS DÈS LEUR RÉCEPTION — ILS NE SONT NI ÉCHANGEABLES NI REMBOURSABLES.

BILLETTERIE Du lundi au samedi, 12 h à 20 h 30 ou une demi-heure après le lever du rideau. Le dimanche et les jours fériés, l'horaire est variable selon l'heure des représentations.

Réservations téléphoniques : 514 842.2112 ou, sans frais, **1 866 842.2112**, du lundi au samedi, de 9 h à 20 h.

Billetterie en ligne : www.pda-qc.ca 24 h sur 24.

Frais : Redevance + taxes (TPS : R19153179 et TVQ : 1008016131) ajoutées au prix de chaque billet. Des frais de service peuvent être exigés. Principales cartes de débit et de crédit acceptées.

RETARDATAIRES Les retardataires doivent attendre une pause dans le programme pour accéder à leur siège. Les billets des retardataires ne peuvent être ni échangés ni remboursés.

STATIONNEMENT INTÉRIEUR Situé au 1450, rue Saint-Urbain — ouvert jusqu'à minuit. Tarif réduit aux détenteurs d'un billet de spectacle.

PERSONNES À MOBILITÉ RÉDUITE Pour bénéficier du service d'accueil, veuillez vous présenter à l'entrée située au 150, boul. de Maisonneuve Ouest. Lors de l'achat des billets, demandez des places spéciales pour les personnes à mobilité réduite.

ANNULATION D'UN SPECTACLE Le cas échéant, le remboursement des billets s'effectuera au point d'achat selon les modalités du producteur et de l'émetteur.

L'UTILISATION D'APPAREILS PHOTO, DE MAGNÉTOPHONES ET DE MAGNÉTOSCOPES EST STRICTEMENT INTERDITE DURANT LA REPRÉSENTATION. LES CELLULAIRES ET TÉLÉAVERTISSEURS DOIVENT ÊTRE ÉTEINTS DURANT LA REPRÉSENTATION. LE DÉTENTEUR DE CE BILLET EST STRICTEMENT SOUMIS AUX RÈGLES EN VIGUEUR OU AFFICHÉES SUR LES LIEUX DE L'ÉVÉNEMENT ET RENONCE À TOUTE RÉCLAMATION.

THÉÂTRE MAISONNEUVE

Mercredi 1 août 2007 20h00

Les FrancoFolies de Montréal
Les Évènements Ford Fusion

GRAND CORPS MALADE

MC
Tarif regulier

PARTERRE
P 6

35.71 $ Taxes et redevance incluses

185672

Toutefois, il est légitime que les parents aient des attentes à l'égard de leur adolescent. Mais ces attentes doivent être réalistes, c'est-à-dire adaptées à son potentiel, à ses forces, à ses qualités, à ses difficultés et à ses vulnérabilités.

Demandez-vous ce que vous souhaitez que votre jeune devienne dans 10 ans :

- sur le plan physique (santé, apparence, habileté manuelle ou sportive…) ;

- sur le plan intellectuel (études, créativité, raisonnement, jugement pratique…) ;

- sur le plan moral (honnêteté, franchise, esprit de justice, conscience sociale, fidélité aux engagements…) ;

- sur le plan affectif (autonomie, capacité d'affirmation et d'initiative…) ;

- sur le plan social (capacité d'écouter et de coopérer, fidélité dans les amitiés, générosité, réussite…).

Il est important d'adapter vos attentes aux caractéristiques qui sont propres à votre enfant. Pour cela, il ne faut pas nier son identité. Cela peut se produire si vos attentes sont des projections de vos désirs, par exemple si vous désirez que votre enfant devienne ce que vous aviez vous-même rêvé de devenir. Enfin, n'oubliez pas qu'il vaut mieux être fier pour son jeune qu'être fier de son jeune !

Rappelez-vous !

Votre jeune doit se sentir aimé. Il vous faut apprendre à lui manifester votre amour tout en respectant le fait qu'il cherche activement à acquérir son indépendance !

Il n'est pas toujours facile d'établir une bonne communication avec un adolescent. Mais celui-ci se sentira apprécié et compris s'il se rend compte que vous l'écoutez, que vous vous intéressez à son univers personnel et que vous respectez ses silences, de même que sa pudeur.

L'adolescent éprouve le désir irrésistible de prendre ses distances par rapport à ses parents. En même temps, cela provoque des craintes chez celui qui est dépendant et de l'ambivalence chez celui qui est manipulateur. Mais cela permet également à l'adolescent, surtout à celui qui est vraiment autonome, de développer une véritable capacité de se percevoir comme étant différent de ses parents. Il est donc important de favoriser l'autonomie des jeunes.

L'affirmation de soi consiste à savoir «qui je suis, ce que je veux et comment je peux être moi-même sans craindre d'être rejeté». L'être humain s'affirme d'abord en disant «non»; c'est de cette façon qu'il signifie qu'il est différent de l'autre. Par la suite, lorsqu'il se sent en sécurité et reconnu dans ses capacités, il peut s'affirmer en disant «oui».

L'adolescent doit découvrir son identité. Pour ce faire, il doit définir son style personnel en tenant compte de ses forces et de ses faiblesses. Les parents peuvent aider leur adolescent à savoir qui il est et à développer une bonne estime de lui-même en réagissant de façon positive («feed-back») et en l'encourageant à régler les problèmes auxquels il fait face.

Ce qui nuit le plus à l'estime de soi des jeunes, ce sont les attentes irréalistes des parents et des adultes qui les entourent!

Pour mieux connaître l'état de vos relations avec votre enfant, posez-vous les questions suivantes :

Est-ce que...

- j'ai modifié ma façon de témoigner de l'amour à mon enfant maintenant qu'il est adolescent ?

- je cherche à l'écouter vraiment en entrant dans son univers ?

- j'accepte que mon ado veuille prendre ses distances ?

- je l'encourage à s'affirmer positivement ?

- j'accepte de négocier une plus grande autonomie ?

- je souligne régulièrement ses forces personnelles même si ce ne sont pas celles que je privilégie ?

- je reconnais ses habiletés dans différents domaines ?

- je souligne ses vulnérabilités tout en ménageant sa fierté ?

- je lui exprime clairement mes attentes ?

- j'ai des attentes réalistes à son égard ?

CHAPITRE 3

APPRENDRE À L'ADOLESCENT À PARTICIPER ET À COOPÉRER

▼

L'adolescence est probablement le moment le plus important de la vie pour apprendre à vivre en groupe. Il s'agit, en effet, d'une période cruciale pendant laquelle l'individu recherche activement la présence des autres. Cette ouverture aux autres date de la petite enfance, mais elle devient vitale à l'adolescence pour trois raisons majeures.

D'abord, l'adolescent doit absolument prendre ses distances par rapport à ses parents et aux adultes en général afin de définir son identité. On peut dire qu'il coupe le cordon ombilical pour une deuxième fois. Pourtant, l'adolescent ne peut pas se retrouver coupé de tous ses liens avec les autres. Il s'associe donc à d'autres jeunes pour redéfinir avec eux ses valeurs, ses désirs et ses aspirations. Il cherche farouchement à acquérir son autonomie tout en adhérant de façon générale à la sous-culture de son groupe («gang») dont les principaux signes extérieurs sont la manière de s'habiller, de parler et de se coiffer ainsi que le choix d'un type d'activités et d'une musique.

L'adolescent éprouve le besoin de s'ouvrir aux autres pour une autre raison. En effet, stimulé par les bouleversements hormonaux de la puberté, il est irrésistiblement attiré par les

jeunes du sexe opposé. Garçons et filles sont aux prises toutefois avec une nouvelle image physique qui n'est pas encore
intégrée, et ils sont malhabiles dans leurs approches sensuelles
et sexuelles. Le groupe les rassure, les encadre et leur permet
d'avoir des contacts plus ou moins intimes.

Enfin, cette recherche de la présence des autres s'explique
par le fait que l'adolescent doit se sentir soutenu dans ses
efforts pour conquérir son autonomie financière, sexuelle et
personnelle. Il doit apprendre les règles du jeu, les façons
de vivre en société ainsi que les modes de participation et de
coopération. Son groupe d'amis l'aide à faire cet apprentissage.

Les parents ont, sur leurs enfants d'âge préscolaire, plus
d'influence que les amis. À l'âge du primaire (6 à 12 ans),
ils en ont autant que les amis, mais à l'âge du secondaire
(12 à 17 ans), ils en ont moins que ceux-ci. Cela n'empêche
pas que tout ce que les parents ont donné à leurs jeunes
reste vivant en eux! À un autre point de vue, il faut ajouter
que les parents et les éducateurs ont encore un rôle très
important à jouer à l'adolescence, soit celui d'aider leurs
jeunes à apprendre à participer et à coopérer à la maison et
à l'école.

Il est de toute première importance que l'adolescent
trouve sa place dans sa famille, dans son milieu scolaire et
dans son groupe d'amis, et que cette place lui soit reconnue.
L'estime de soi de l'adolescent est fortement tributaire de cette
reconnaissance sociale.

L'adolescent doit trouver sa place dans sa famille

L'histoire familiale

Il est important pour un adolescent d'être en contact avec
son histoire familiale, peu importe le type de famille dans

laquelle il vit (traditionnelle, monoparentale ou recomposée). L'édifice qu'on construit est d'autant plus solide que ses fondations le sont !

Saviez-vous que...

Depuis qu'ils sont tout petits, vos enfants prennent beaucoup de place dans la maison et dans votre cœur. Or, c'est vous, les parents, qui avez en grande partie défini cette place et qui avez déterminé les règles du jeu. Mais voici que, une fois adolescents, vos enfants remettent en question votre façon de faire, vos opinions, vos règles et votre vision de leur participation à la vie familiale. Pas de panique, car c'est un très bon signe. Cela signifie qu'ils cherchent à apprendre à coopérer plutôt qu'à se conformer.

Sortez donc votre album de photos et regardez avec votre jeune les étapes de votre vie familiale. Laissez-lui faire ses commentaires sans porter de jugement. Prêtez attention aux émotions qui reviennent le plus souvent.

Il est regrettable que des adolescents soient coupés de leur passé parce que leurs parents se sentent coupables de certains choix personnels ou parce qu'ils ont de la difficulté à expliquer les raisons de ces choix.

L'adolescent doit comprendre son passé afin d'avancer résolument vers l'avenir.

Il doit vivre des moments de complicité familiale (faire du sport, aller au restaurant, regarder la télévision, aller au cinéma, parler, bricoler, voyager...). Pour créer des liens entre les membres d'une famille, il faut FAIRE ensemble en plus d'ÊTRE ensemble.

Il doit contribuer à la préparation et à la réalisation de projets familiaux (déménagement, voyage, vacances, etc.).

Il doit participer activement à la vie familiale (tâches ménagères, activités familiales, discussions familiales, organisation des fêtes, élaboration des règles, etc.), tout en ayant une vie sociale active et en s'intégrant bien à la vie de groupe avec ses amis.

Il doit élaborer un sentiment d'appartenance envers sa famille.

Le sentiment d'appartenance à la famille se construit souvent dans la préparation d'un projet conjoint avec votre jeune.

Un projet familial

Élaboration

Prévoyez une rencontre familiale en tenant compte des horaires de chacun. Annoncez que cette rencontre sera l'occasion d'élaborer un projet familial enthousiasmant pour chacun. Expliquez également que vous éprouvez le besoin de faire quelque chose d'agréable avec tous les membres de la famille et demandez à chacun d'arriver à cette rencontre avec un projet ou deux.

Il se peut que votre jeune arrive à cette rencontre sans aucun projet. Cela ne fait rien car la participation, ça s'apprend !

Mettez tous les projets sur la table et discutez-en. Pendant cette discussion, restez centré sur les intérêts de chacun.

Faites un remue-méninges sans vous occuper, dans un premier temps, de la faisabilité des projets.

Attardez-vous à deux ou trois projets et confiez à deux membres de la famille, dont votre jeune, la responsabilité de les élaborer plus précisément.

Donnez-vous rendez-vous dans quelques jours ou dans une semaine.

À ce moment-là, reprenez les projets et choisissez-en un ensemble.

Planification

Lorsque le projet est choisi, discutez en famille de la répartition des rôles et entendez-vous sur les étapes à suivre (choix de l'endroit, informations à prendre, réservation des billets, achats, etc.).

Chacun choisit une tâche, et deux ou trois membres de la famille prennent la responsabilité du projet, y compris le jeune s'il le veut bien.

Un autre rendez-vous est fixé. On se revoit quelques jours ou quelques semaines plus tard, selon la nature du projet.

Exécution

L'activité choisie doit se dérouler dans le plaisir et la complicité.

Même si tout ne se passe pas comme vous l'auriez souhaité, dites-vous que ce n'est ni grave ni important. Les erreurs de parcours font partie du processus d'apprentissage de la démocratie.

Il est important de souligner les «bons coups» de votre jeune et d'ignorer pour le moment ses lacunes.

Rappelez-vous votre but! Votre jeune doit éprouver du plaisir à participer à cette activité si vous voulez qu'il ait un sentiment d'appartenance envers sa famille. C'est ce sentiment d'appartenance qui lui fera accepter de participer également aux tâches moins agréables et aux obligations de la vie quotidienne.

Évaluation

Immédiatement après l'exécution du projet ou quelques jours plus tard, revoyez avec votre jeune ce qui s'est passé en vous posant notamment les questions suivantes :

Le projet était-il réaliste ?

Le projet était-il agréable ?

Le projet était-il facile à planifier ?

La participation de votre jeune était-elle positive ?

Votre jeune a-t-il le goût de revivre une expérience semblable ?

Ne critiquez pas sa façon de faire et ne mettez pas l'accent sur ses lacunes ou sur vos déceptions, s'il y en a. Insistez sur les habiletés de votre jeune et exprimez-lui votre confiance en ses capacités.

Coopérer, ça s'apprend !

Il est possible de favoriser la coopération des jeunes dans la vie familiale sans faire preuve de contrôle excessif. Pour cela, il faut que les jeunes participent à l'élaboration des règles familiales et qu'ils assument les conséquences de leurs actes.

Cette coopération, votre jeune peut l'exprimer de différentes façons :

- en rendant service ;
- en offrant spontanément son aide ;
- en accomplissant des tâches ménagères ;
- en acceptant de discuter avec vous ;
- en tenant compte de vos idées ;

- en négociant avant d'agir ;

- en ramassant ce qui traîne ;

- en rationalisant ses dépenses ;

- en respectant votre intimité ;

- en convenant avec vous du nombre d'amis qui viennent à la maison.

SAVIEZ-VOUS QUE...

Une recherche du *Journal of Adolescence* révèle que les adolescents vivant dans des familles où les discussions sont nombreuses sont plus optimistes face à leur avenir. Cette recherche indique également que les parents dont le contrôle sur les adolescents diminue au fur et à mesure que ceux-ci vieillissent favorisent, de ce fait même, l'estime de soi de leurs jeunes ainsi que leur sentiment d'assurance dans la vie.

Coopération et valeurs familiales

De nombreux parents d'adolescents se plaignent que ces derniers ne contribuent pas aux tâches ménagères ou qu'ils n'acceptent plus les règles familiales comme les heures d'entrée, l'hygiène personnelle, etc.

Pour coopérer, il faut adhérer aux valeurs sous-jacentes aux règles. En d'autres mots, il faut être partie prenante de ces valeurs.

L'adolescent doit trouver sa place dans son groupe d'amis

Les relations avec les amis changent durant l'adolescence. Ces relations exercent une influence souvent cruciale sur la formation de l'identité de l'adolescent.

SAVIEZ-VOUS QUE...

- Durant l'adolescence, les amitiés évoluent, passant du partage des activités à une plus grande intimité psychologique.

- Les premières amitiés sont souvent à l'origine de relations hétérosexuelles intimes.

- Les enfants qui étaient populaires à l'école sont susceptibles de devenir également des adolescents populaires. De l'enfance à l'adolescence, le niveau de popularité demeure relativement stable.

- La popularité d'un adolescent est fortement liée à sa conformité aux normes et aux habitudes de son groupe.

- Les adolescents se conforment aux normes des leurs dans des domaines comme le choix des amis, les habitudes de langage et la manière de s'habiller. Toutefois, ils se laissent guider par les normes parentales dans les domaines qui concernent l'accomplissement de soi, comme les résultats scolaires et les aspirations professionnelles.

En premier lieu, le choix des amis s'avère très important. Demandez-vous si votre jeune a des amis et comment il s'y prend pour les choisir? Qu'est-ce qui le pousse à choisir un ami (les caractéristiques physiques, intellectuelles, émotives, sociales)? S'il a des amis plus intimes que d'autres? Ce qu'il pense des personnes de l'autre sexe?

L'adolescent doit trouver sa place dans son milieu scolaire

L'intégration à l'école secondaire est une étape importante qui marque le début de l'adolescence. De façon générale, le jeune a hâte de vivre ce changement qui confirme sa condition d'adolescent, mais il le craint en même temps. Regardons les motifs qui sous-tendent ces craintes:

- tout changement est porteur d'insécurité. Le jeune, en entrant à l'école secondaire, craint de perdre la sécurité apaisante de l'école primaire et de plonger dans un système nouveau et inconnu;

- la plupart des jeunes craignent d'être coupés de leur groupe d'appartenance du primaire et de perdre leurs amis;

- les garçons ont peur d'être agressés physiquement par les plus vieux du secondaire et les filles craignent surtout d'être isolées socialement;

- plusieurs jeunes appréhendent d'avoir six ou sept enseignants. Ils ont peur de ne pas recevoir l'aide qui leur est nécessaire; ils craignent également de devenir des personnes anonymes dans une masse d'élèves;

- les jeunes ont peur de ne pas avoir assez de temps entre les cours ou de se perdre dans les corridors et les grands espaces de l'école;

- la plupart des adolescents craignent la drogue, les groupes («gangs»), la violence et le harcèlement sexuel.

Malgré leurs appréhensions, les adolescents ont un vif besoin d'appartenir à un groupe. Les parents doivent reconnaître ce besoin fondamental et aider les jeunes à surmonter leurs peurs.

Connaître les intervenants scolaires

Il est important que les parents connaissent les intervenants scolaires qui sont en relation directe avec leur enfant ou, à tout le moins, qu'ils connaissent le nom de ces personnes et la matière qu'ils enseignent.

En effet, il est difficile de parler avec votre enfant de sa vie scolaire si vous ne connaissez pas du tout ses enseignants. Demandez-lui donc de vous parler de chaque personne qui lui enseigne. Ainsi il se rendra compte que vous vous intéressez à sa vie scolaire. Vous serez également en mesure de l'aider à reconnaître les points forts de ses enseignants.

Le jeune doit être conscient de la qualité de la relation qu'il vit avec chacun de ses enseignants. Il a besoin de votre aide pour y arriver !

De plus, prenez le temps de discuter avec votre enfant des aspects qui favorisent sa motivation scolaire et de ceux qui la réduisent. Si votre enfant a des relations difficiles avec l'un de ses enseignants, aidez-le à trouver des moyens pour surmonter ses conflits.

Participer à la vie scolaire

Votre enfant aura plus l'impression d'appartenir à son milieu scolaire si vous participez à certaines activités offertes par son école. Évaluez donc votre participation à sa vie scolaire. Rencontrez-vous ses enseignants à l'occasion ? Participez-vous à des réunions de parents ou à des événements spéciaux à l'école ? Si oui, votre jeune pensera sûrement que son école compte pour vous et cela l'aidera à s'y attacher. Il vous sera également plus facile de discuter ensemble de certains aspects de son école, tant sur le plan de la structure que de son fonctionnement. Vous pouvez développer ainsi une belle complicité avec votre jeune.

Il est également important que vous encouragiez votre enfant à participer aux diverses activités parascolaires offertes par son école (activités sportives, musicales ou manuelles, associations étudiantes). Le jeune qui participe souvent à ces activités a certainement le sentiment d'appartenir à son milieu scolaire. Par contre, dans le cas de l'adolescent qui est peu motivé par ces activités ou qui ne s'y intéresse pas, il y a lieu de cerner les raisons qui sous-tendent cette situation.

Il importe de ne pas blâmer l'adolescent qui connaît les raisons de sa pauvre participation à la vie de l'école et qui en souffre. Dans cette situation, il faut surtout l'aider à trouver des solutions. Vous pouvez en suggérer à votre jeune à la condition de respecter son rythme et ses résistances. Si votre adolescent ne participe pas aux activités de l'école en raison des conflits relationnels qu'il vit avec ses camarades ou avec les figures d'autorité, il devient très important de l'aider à prendre conscience de cette situation.

Si vous décelez chez votre jeune certaines attitudes qui ne favorisent pas une bonne coopération avec les autres, essayez de l'aider à trouver des moyens de vivre des relations plus harmonieuses à l'école.

Par leurs structures et leur fonctionnement, certaines écoles ne permettent pas vraiment aux jeunes de vivre un sentiment d'appartenance. Si vous avez de bonnes raisons de croire que c'est le cas de l'école que fréquente votre jeune, n'hésitez pas à demander aux responsables de mettre sur pied des activités et un programme qui favorisent la participation.

Le sentiment d'appartenance est un besoin essentiel chez les adolescents. Il prend la forme d'un réseau relationnel dans lequel l'adolescent apprend à vivre de plus en plus avec les autres. Et ce réseau joue le rôle d'un véritable antidote au sentiment de solitude sociale. Il est très important que l'école, dans sa structure et son fonctionnement, favorise activement le sentiment d'appartenance.

Il y a des conditions à remplir pour que l'école favorise un sentiment d'appartenance. En voici quelques-unes:

- La direction d'école et les intervenants scolaires doivent exercer un leadership réellement démocratique.

- Les intervenants scolaires doivent être convaincus que le sentiment d'appartenance est un besoin essentiel chez les adolescents.

- Il doit exister une forte cohésion chez les membres de l'équipe-école, et entre cette équipe et la direction. Cela se traduit dans un projet éducatif centré sur les besoins des jeunes.

- Les intervenants scolaires doivent connaître et comprendre les caractéristiques du quartier dont l'école fait partie. Ainsi ils savent ce que les élèves vivent en dehors des heures d'école.

- Il est essentiel que les adolescents et les parents soient accueillis chaleureusement à l'école et qu'ils le ressentent.

- L'école, avec la collaboration des élèves et des parents, doit mettre en place des projets comme des expositions, des galas, des campagnes d'aide, etc.

- Les intervenants scolaires doivent consulter régulièrement les élèves et leurs parents sur les divers aspects de la vie scolaire.

Rappelez-vous !

L'adolescent cherche à s'éloigner de ses parents, mais il aime vivre — à l'occasion — des moments de complicité familiale en participant à des activités choisies librement.

Pour sentir qu'il fait partie des projets familiaux, l'adolescent doit participer à leur élaboration, à leur planification, à leur exécution et à leur évaluation.

Il y a de fortes chances que l'adolescent coopère à la vie familiale s'il saisit les valeurs de ses parents et s'il sent qu'il a une réelle marge de manœuvre.

L'adolescent doit apprendre à trouver sa place dans un groupe d'amis. Une vie sociale réussie constitue un rempart contre la dépression.

Les parents devraient essayer de comprendre ce qui motive leur jeune dans le choix de ses amis et en discuter avec lui au lieu de craindre le groupe (« gang ») dont il fait partie.

De nos jours, l'école ne favorise pas toujours le sentiment d'appartenance des jeunes. Elle devrait susciter davantage la participation, la cohésion et la concertation.

L'adolescent peut trouver sa place dans le milieu scolaire en s'engageant dans des activités parascolaires, en établissant de bonnes relations avec ses enseignants et en apprenant à régler ses conflits.

Pour mieux évaluer l'état de vos relations avec votre jeune, posez-vous les questions suivantes :

Est-ce que…

- je propose régulièrement des activités à mon ado ?
- je l'invite à participer à l'élaboration des projets ?
- je favorise sa coopération en tenant compte de ses idées ?
- je prévois un lieu et un temps pour parler avec mon ado du bon fonctionnement de la vie familiale ?
- je connais plusieurs de ses amis ?
- je comprends bien ce qui motive le choix de ses amis ?
- je parle régulièrement avec mon ado de ses amis et ce, sans les critiquer ?
- je m'intéresse à la vie scolaire de mon ado ?
- je parle parfois de l'école avec mon ado et ce, sans moraliser ni accuser ?
- je favorise sa participation à la vie scolaire ?

Chapitre 4

Aider l'adolescent à découvrir des stratégies menant au succès

▼

L'adolescence, ce no man's land entre l'enfance et l'âge adulte, apparaît comme un territoire peuplé d'esprits parfois bénéfiques et parfois maléfiques. La pensée magique, surtout au début de l'adolescence, règne sans partage. Garçons et filles croient que leur volonté et leurs talents ne sont pour rien dans les résultats qu'ils obtiennent, mais que ceux-ci sont dus à la chance ou à la malchance. Par exemple, une adolescente se demande pourquoi les garçons la trouvent belle et désirable, alors qu'elle est elle-même hantée par un horrible bouton qu'elle a sur le nez. De son côté, un adolescent se demande comment il a pu obtenir 75 % en mathématique, alors qu'il est convaincu d'être nul dans cette matière. Les adolescents croient, de façon générale, que leur sort ne dépend pas d'eux-mêmes, mais qu'ils sont à la merci de la générosité ou de la sévérité de leurs enseignants, de l'amour aveugle ou de l'incompréhension de leurs parents.

La réussite scolaire, la capacité de résoudre les problèmes de la vie quotidienne ainsi que la recherche de l'amitié et de l'amour, tout cela dépend des liens de cause à effet que le jeune arrive à établir. Et cela ne va pas de soi quand on pense que bien des adultes ont encore le sentiment que «la vie est injuste » et que bonnes et mauvaises nouvelles sont l'effet de la chance ou de la malchance. Pour diriger sa vie, il faut acquérir du pouvoir sur elle. C'est ainsi, et seulement ainsi qu'on peut découvrir les stratégies qui mènent au succès et qui permettent de se sentir compétent dans son existence.

Une bonne estime de soi est à la base de la motivation et de l'autonomie. Ainsi, l'individu qui a confiance en ses capacités sera motivé pour entreprendre une tâche ou une activité ; il prendra les moyens pour la réaliser et il persévérera. Par la suite, il se sentira compétent et son estime de soi sera plus grande. Cet individu connaîtra du succès dans ses entreprises, ce qui est absolument nécessaire pour se sentir valorisé.

La motivation est un moteur qui pousse vers l'avant. Ce moteur n'est vraiment efficace que s'il en rejoint un autre, qui représente la capacité de se projeter dans l'avenir. Les adolescents ayant cette capacité sont en contact avec des modèles d'adultes qu'ils peuvent d'abord idéaliser, puis critiquer et, enfin, chercher à imiter dans ce qu'ils ont de meilleur.

Pour qu'un adolescent ait un idéal personnel, il faut qu'il côtoie des personnes dont les valeurs lui semblent justes et bonnes ou qu'il rêve de ressembler à des personnages que la société valorise.

L'adolescent a besoin de modèles pour se projeter dans l'avenir

L'adolescent et ses héros

Une des tâches importantes de l'adolescent est d'arriver à trouver son identité personnelle. Selon Peter Blos, pour y parvenir le jeune doit « dé-idéaliser » ses parents. Et il faut dire qu'il ne s'en prive pas! L'adolescent voit rapidement les contradictions entre les valeurs dont se réclament ses parents, et les gestes qu'ils posent. Prenant conscience des imperfections de ses parents, il se met à la recherche de héros, de modèles ou d'êtres idéaux. Par la suite, il critiquera aussi ces personnages qui se révéleront à leur tour imparfaits et il se créera un idéal bien à lui. Cet idéal sera plus ou moins réaliste, mais il lui permettra de se projeter dans l'avenir.

Selon Gérard Lutte, les qualités les plus recherchées par les jeunes sont l'autonomie, l'intelligence, la volonté et la confiance en soi. Ce sont justement ces qualités qui permettent une plus grande indépendance! Toutefois, garçons et filles ne s'identifient pas aux mêmes types de personnes. Les garçons prennent pour modèles des hommes de 25 à 30 ans ayant réussi socialement et qui sont ambitieux, courageux et volontaires. Les filles, pour leur part, s'identifient à des femmes de 19 ou 20 ans, qui sont libres, ont des professions leur permettant d'être en contact avec d'autres personnes et qui sont appréciées pour leur sensibilité, leur sociabilité et leur tolérance.

La société n'offre pas beaucoup de modèles aux jeunes d'aujourd'hui! Aussi est-il intéressant de leur permettre de dresser une sorte de portrait idéal. Dans vos discussions avec votre jeune, tentez de savoir à quel personnage il aimerait ressembler plus tard (champion olympique, sportif, chanteur, personnage politique, humaniste, humoriste, etc.).

La nécessité de «dé-idéaliser» les parents

Il y a sûrement des différences entre la perception que votre adolescent avait de vous-même (son père, sa mère) lorsqu'il était petit et celle qu'il a aujourd'hui. Quoiqu'il en soit, vous vous rendez compte qu'il n'est pas facile d'être un modèle pour votre adolescent.

? **Demandez-vous si, pour votre adolescent, vous êtes un modèle:**

– d'honnêteté	– d'intégrité
– de patience	– de créativité
– de travail	– de persévérance
– de santé	– de générosité
– d'altruisme	– de compréhension
– d'esthétique	– de douceur
– de maîtrise de soi	– de plaisir
– de sociabilité	– d'intelligence
– d'harmonie	– de sensualité

Vous risquez fort de découvrir que vous êtes un modèle à suivre dans certains domaines, mais que vous avez également certaines faiblesses dont vous ne devriez pas hésiter à parler afin de vous améliorer.

Il est tout à fait normal qu'un adolescent critique ses parents et s'aperçoive qu'ils ont des lacunes. Mais cela est difficile à accepter, surtout pour les parents qui manquent de confiance en eux.

Il faut bien comprendre qu'un adolescent qui n'arrive pas à «dé-idéaliser» ses parents ne peut pas poursuivre son développement de façon harmonieuse. Il restera longtemps dépendant, sur le plan de l'estime de soi, de l'approbation des adultes qui sont en position d'autorité.

L'adolescent apprend à résoudre ses problèmes

De nos jours, l'adolescent est appelé à vivre dans un univers en constante transformation. Il doit faire face activement à des problèmes nouveaux et de plus en plus complexes. Il doit donc apprendre à rechercher et à trouver des solutions originales aux multiples problèmes qu'il rencontre quotidiennement. Les parents et les enseignants peuvent certainement l'aider à développer une pensée intelligente, efficace et créatrice.

Les stratégies face à une situation conflictuelle

Il existe trois types de stratégies pour réagir à une situation conflictuelle.

Les stratégies de fuite (éviter les sujets brûlants, réprimer ses réactions émotives) qui sont parfois salutaires. Mais en général, une personne n'est pas très satisfaite d'elle-même lorsqu'elle utilise constamment ce type de stratégies. Elle a les mêmes peurs et les mêmes appréhensions dès qu'elle se retrouve dans des situations analogues.

Les stratégies d'adoucissement (tenter d'arranger les choses, vouloir calmer les esprits, résoudre simplement quelques points de détail, atténuer les motifs qui ont engendré la situation conflictuelle) qui aident à minimiser les effets d'une situation conflictuelle. Ces stratégies ont uniquement pour but de retarder une confrontation ouverte avec l'autre. De cette façon, on résout quelques détails, mais on évite surtout d'ouvrir la discussion sur le fond du problème. Ce type de stratégies est utile pour retarder la confrontation, mais laisse souvent la personne insatisfaite d'elle-même et anxieuse face à l'avenir.

Enfin, *les stratégies d'affrontement* (utiliser la force physique ou psychologique, utiliser le chantage et la menace) qui vous placent dans une situation où il y a un gagnant et un perdant. Ces stratégies sont très efficaces, mais à condition d'être du côté des vainqueurs. Lorsqu'on est du côté des perdants, on vit plutôt l'expérience de l'humiliation, de l'hostilité refoulée et des blessures physiques ou morales.

Chacun, tout en utilisant «majoritairement» l'un des trois types, fait appel également aux autres types de stratégies dans la vie de tous les jours quand il fait face à des situations conflictuelles. Cela est tout à fait normal !

Essayez maintenant de découvrir à quelle stratégie vous faites le plus souvent appel et de voir s'il en va de même pour votre enfant. Pensez-vous que la façon dont votre enfant fait face à des situations conflictuelles ressemble à la vôtre ?

La négociation : une stratégie de résolution de problèmes constructive et pacifique

Le but de la négociation est de permettre la résolution pacifique d'un problème, grâce à un compromis ou à une solution qui, dans une certaine mesure, satisfait les deux parties. Parmi les stratégies de résolution de problèmes, la négociation est la plus constructive et la plus pacifique, et ses conséquences sont les moins négatives.

En d'autres mots, on peut dire que la négociation est un art qui a ses propres règles. Ces règles doivent être chaque jour mises en pratique. Personne ne vient au monde en sachant négocier. C'est plutôt une habileté qui se développe progressivement tout au long de la vie.

Il n'y a ni gagnant ni perdant quand on utilise des stratégies de négociation.

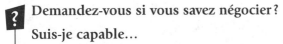

Demandez-vous si vous savez négocier ?

Suis-je capable...

- de déterminer la nature des conflits (touchant aux routines, aux règles, aux attitudes, aux valeurs) ?
- de prendre l'initiative d'ouvrir le dialogue ?

- d'écouter et de comprendre le point de vue de l'autre ?

- d'adopter une position d'ouverture, de reflet et d'écoute attentive de l'autre ?

- d'affirmer mon propre point de vue de façon articulée ?

- d'éviter de porter des jugements négatifs sur l'autre ?

- de centrer mon attention sur la recherche de résultats tangibles ?

- d'utiliser le processus de résolution de problèmes ?

- de clarifier le problème rencontré ?

- de percevoir la position de chacun ?

- d'apporter des solutions de rechange ?

- d'évaluer quelle est la solution la plus pertinente pour régler le conflit ?

- de décider avec l'autre de la solution retenue ?

- de décider de mettre en application la solution (comment et quand) ?

- de faire, après un certain temps, le suivi et l'évaluation de la solution retenue ?

- de reprendre le processus de négociation si la solution choisie ne s'avère pas valable ?

La capacité d'affronter l'opposition et de résoudre les conflits avec les autres est certainement l'une des plus importantes qualités personnelles. Il faut apprendre à négocier et à susciter la coopération quand on cherche des solutions pacifiques aux inévitables conflits de la vie quotidienne.

La négociation est la stratégie de résolution de problèmes la plus pacifique et la plus efficace. On peut développer sa capacité de résoudre les conflits. La qualité des relations avec les autres en dépend grandement.

L'adolescent doit apprendre à réfléchir par lui-même. Il doit apprendre à penser de façon autonome plutôt qu'à répéter les informations reçues ou à reproduire la gamme des solutions toutes faites qui ont été imaginées par ses parents et ses enseignants.

Dans sa quête d'identité et d'autonomie, il ne fait aucun doute que l'adolescent doit être soutenu et aidé. Le rôle du parent est de respecter sa capacité de raisonnement abstrait et logique, ainsi que de l'aider à prendre conscience des mobiles qui le font agir. Il s'agit aussi de l'amener à réfléchir aux conséquences qui découlent de ses actes.

Comment résoudre un problème réel par la négociation d'une entente mutuelle?

Étape 1   Identifier le problème. Tenter de mieux saisir la situation conflictuelle, c'est-à-dire le malaise ou le besoin exprimé par chacun. Décrire le problème.

Étape 2   Énumérer toutes les solutions possibles. Tenter de préciser ce qu'on désire exactement. Faire état de toutes les attentes, de toutes les aspirations et énumérer toutes les solutions qui pourraient régler ce conflit.

Étape 3   Évaluer la pertinence de chaque solution.

Étape 4   Prendre une décision commune. Quelle est la solution qui apparaît maintenant la plus susceptible de régler le conflit?

Étape 5   Appliquer la solution retenue. Qui va faire quoi? comment? quand?

Étape 6 Évaluer les résultats de l'entente négociée. Repenser la façon dont les choses se sont déroulées en se posant les questions suivantes :

- Tout a-t-il bien fonctionné ?

- Les participants à cette négociation sont-ils tous satisfaits ?

- La situation conflictuelle s'est-elle résorbée depuis l'application de la solution retenue ?

- Y a-t-il des correctifs à apporter afin que la situation soit encore plus claire ?

L'adolescent doit obtenir du succès

Une bonne estime de soi suppose une connaissance de ses habiletés, de ses qualités et de ses talents. Cela permet de prendre les moyens nécessaires pour poursuivre ses buts personnels ; cela s'avère aussi indispensable pour avoir du succès dans ce qu'on entreprend.

Toute personne peut atteindre ses buts si ceux-ci sont clairs, accessibles et réalistes, et si elle adopte également des attitudes positives et des stratégies efficaces. L'adolescent, pour sa part, fait face à plusieurs défis et ceux de la vie scolaire ne sont pas les moindres.

Des buts à poursuivre

Il est important d'échanger avec votre enfant sur les buts qu'il poursuit à court, moyen et long terme afin de l'aider dans son cheminement scolaire.

Discutez librement avec votre jeune de ses ambitions, de ses objectifs et de ses capacités sans porter de jugement et surtout sans imposer vos propres attentes. Il importe d'abord que vous lui fassiez savoir qu'il possède des habiletés, des qualités et des talents dont il peut se servir pour relever de nombreux défis. Ne manquez pas de lui dire également qu'il rencontrera sur son chemin bien des difficultés et des obstacles.

Tout adolescent est appelé à faire des choix qui influenceront sa vie future, en particulier sur le plan professionnel. Il est donc important que chaque jeune ait une perspective d'avenir. Pour cela, l'adolescent doit apprendre à se définir par rapport à des champs d'activités dans lesquels il pourrait exercer ses talents à l'âge adulte :

- arts (art dramatique, art visuel, musique, photographie) ;
- littérature (rédaction, traduction, bibliothéconomie) ;
- administration et affaires (vente, finances, assurances) ;
- communications (journalisme, relations publiques) ;
- éducation (enseignement, orthopédagogie) ;
- relations humaines (psychologie, travail social, orientation) ;
- santé (médecine, soins infirmiers, physiothérapie, ergothérapie, orthophonie) ;
- sciences (génie, chimie, biologie) ;
- techniques (électricité, menuiserie, plomberie, informatique).

Par la suite, demandez-vous si le choix de votre jeune vous paraît réaliste, si vous estimez que ses préférences concordent avec ses capacités.

Il est très important de discuter avec votre jeune de ses motivations. Il faut également lui souligner, à l'aide d'exemples concrets, les intérêts, les habiletés et les talents qu'il a manifestés au cours de son enfance et dont il fait encore preuve dans la vie de tous les jours.

Par contre, votre jeune doit comprendre que la réalisation de ses ambitions sera le fruit d'une longue démarche d'apprentissage. Ce n'est qu'après avoir franchi plusieurs étapes et atteint des objectifs transitoires (à court et à moyen termes) qu'il parviendra à son but.

Le processus d'apprentissage

L'atteinte d'un objectif ne relève pas de la magie. L'adolescent doit comprendre que le résultat qu'il obtient (succès ou échec) est la suite logique et causale (de cause à effet) de ses attitudes (motivation, autonomie) et des stratégies qu'il utilise.

ATTITUDES	+	STRATÉGIES	=	RÉSULTAT
motivation autonomie responsabilité	+	façons de faire	=	résultat positif ou négatif dans l'atteinte d'un objectif

Les parents ont un grand rôle à jouer pour faire comprendre à l'adolescent que sa valeur comme personne n'est pas remise en cause lorsqu'il obtient un résultat négatif ou lorsqu'il n'atteint pas l'objectif qu'il s'était fixé. Ce sont plutôt l'attitude et les moyens employés qui doivent être remis en question.

À cet égard, soulignons que l'adolescent doit être conscient qu'un bon rendement scolaire est affaire de motivation, d'autonomie et de méthode de travail, bien davantage que de potentiel intellectuel. Il s'ensuit que les parents doivent accorder plus d'importance au processus d'apprentissage qu'aux résultats. Dans cette perspective, ils doivent aider le jeune à évaluer, après coup, les attitudes et les moyens qui l'ont conduit à la réussite ou à l'échec. De cette façon, l'adolescent pourra se rendre compte qu'il n'était pas suffisamment motivé ou qu'il n'avait pas choisi les bons moyens pour atteindre son objectif. Il pourra se rendre compte également qu'il peut contrôler lui-même son rythme et son mode d'apprentissage en corrigeant ou en ajustant ses attitudes et ses moyens.

Accepter ses erreurs

L'erreur joue un rôle crucial dans le processus d'apprentissage. Lorsque l'adolescent est conscient des erreurs qu'il commet, il évite de les répéter en modifiant les stratégies qu'il utilise pour atteindre ses objectifs. De cette façon, il peut connaître le succès et se sentir efficace. Pour que l'adolescent accepte de faire des erreurs, il faut que les parents témoignent eux-mêmes de leur capacité d'accepter leurs erreurs.

 Demandez-vous si vous êtes capable d'admettre vos erreurs.

Lorsque je fais une erreur, j'ai tendance à...

- la nier;
- la camoufler;
- tenir les autres pour responsables ou blâmer les circonstances;
- me fâcher contre moi-même;
- me dévaloriser;
- être anxieux;

- être tendu et perfectionniste ;
- craindre les réactions des autres ;
- voir l'erreur comme un échec ;
- abandonner l'activité.

Si vous ne tolérez pas l'erreur, vos attitudes favoriseront sans doute chez votre ado une tendance au perfectionnisme ou au découragement. Il importe de diminuer vos exigences envers vous-même et envers votre enfant. Le désir de perfection demande trop d'énergie et provoque trop de stress. Par contre, si vous acceptez facilement l'erreur et cherchez également des stratégies pour la reconnaître et la corriger, vous contribuez à diminuer le stress. Vous aidez votre jeune à se prendre en main et à se percevoir positivement.

Il est important que les parents prennent le temps de dire à l'adolescent comment ils ont reconnu leurs erreurs et comment ils les ont corrigées. De cette façon, ils lui communiquent un modèle d'évolution et d'espoir. Il est aussi essentiel de dédramatiser les erreurs. L'homme d'affaires américain Henry Ford disait à ce propos : « Les erreurs sont de belles occasions de devenir plus intelligent. »

Grâce à leurs parents et à leur attitude face à l'erreur, les adolescents se rendent compte que les erreurs qu'ils commettent ne remettent pas en cause leur estime d'eux-mêmes. Cela est important, car l'estime de soi et la motivation sont à la base de tout processus d'apprentissage.

En se centrant sur le processus d'apprentissage, en corrigeant ses erreurs et en ajustant ses stratégies en cours de route, l'adolescent en vient inévitablement à connaître des succès. Il se sent alors efficace, étant conscient qu'il a adopté les bonnes attitudes et qu'il a choisi les bonnes stratégies. Il éprouve aussi de la fierté qui nourrit son estime de lui-même.

Plus l'adolescent réussit ce qu'il entreprend, plus il se sent efficace et fier de lui, développant graduellement le sentiment de sa compétence. Se sentir compétent, c'est être convaincu qu'on peut relever avec succès n'importe quel défi si l'on adopte les attitudes favorables et les bonnes stratégies. Ce sentiment donne à l'adolescent de l'espoir et lui donne accès à de multiples apprentissages.

Favoriser la motivation de l'adolescent

La motivation constitue l'énergie interne de tout apprentissage. Elle est à la base de l'engagement et de la persévérance dans les activités. Nombreux sont les parents qui aimeraient faire une injection de motivation à leur adolescent. Cela est évidemment impossible et il vaut mieux compter sur l'effet de contagion. Par exemple, des parents qui lisent rarement, qui n'ont pas de vie intellectuelle ou qui ne s'intéressent pas à la vie scolaire de leur adolescent ne peuvent pas l'amener à s'intéresser à des activités scolaires ou intellectuelles.

Il est important d'aider votre adolescent à évaluer son niveau de motivation pour chacune des matières scolaires (français, mathématiques, anglais, sciences, écologie, histoire, géographie, arts, éducation physique, etc.). Si votre adolescent a une faible motivation dans l'une ou l'autre de ces matières, discutez-en librement avec lui en vous inspirant de ces quelques conseils :

- Aidez-le à parler de la qualité de sa relation avec l'enseignant qui dispense une matière scolaire pour laquelle il est peu motivé. S'il a une relation difficile avec cet enseignant, aidez-le à trouver des moyens pour l'améliorer.

- Si le conflit relationnel persiste, encouragez-le à trouver des stratégies personnelles qui lui éviteront d'être pénalisé par ce conflit.

- Ne le culpabilisez pas et ne lui faites pas de remontrances.

- Faites-lui préciser ce qu'il n'aime pas dans cette matière.

- Aidez-le à trouver des moyens de mieux apprécier cette matière.

SAVIEZ-VOUS QUE...

- Le problème de motivation de votre jeune peut être lié à des difficultés d'apprentissage qu'il vit depuis longtemps. Il se peut qu'il vive un sentiment d'impuissance et de pessimisme face à l'avenir.

- Selon notre expérience, la majorité des jeunes qui vivent des difficultés d'apprentissage persistantes à l'école se débrouillent bien dans la vie. Nous avons relevé deux constantes chez ces jeunes : d'abord, leurs parents ont toujours cru qu'ils finiraient par bien se débrouiller dans la vie malgré leurs problèmes d'apprentissage et, ensuite, chacun d'eux a connu un enseignant significatif qui a cru en ses capacités et qui l'a aidé.

- Il est important de transmettre les valeurs suivantes à tout adolescent:

  — le rendement scolaire n'est pas déterminé seulement par l'intelligence;

  — le plus important est le plaisir qu'on éprouve durant les activités scolaires;

  — les habiletés et connaissances scolaires sont utiles pour sa vie actuelle et future (il est important de donner des exemples concrets de l'utilité de ce qu'ils apprennent);

  — le rendement scolaire est une conséquence logique des attitudes ainsi que des stratégies adoptées, et chacun peut exercer un pouvoir là-dessus.

Favoriser l'autonomie scolaire et les stratégies d'apprentissage

L'adolescent est appelé à faire des choix dans sa vie scolaire. La capacité de choisir et d'assumer les conséquences positives ou négatives de ses choix est à la base de l'autonomie et du sens des responsabilités. Il est important que les parents favorisent cette autonomie et ce sens des responsabilités.

Discutez avec votre jeune de son sens des responsabilités à l'école. Soulignez les points positifs qu'il manifeste et aidez-le à trouver des moyens concrets pour améliorer son autonomie.

Il faut aider l'adolescent à découvrir et à appliquer des stratégies d'apprentissage efficaces. Par exemple, pour résoudre un problème en mathématique, l'adolescent doit toujours se poser les questions suivantes :

- ce que je sais (les données du problème) ;
- ce que je cherche (la compréhension de la question) ;
- ce que je fais (les opérations nécessaires et l'ordre des opérations à réaliser pour résoudre le problème).

Pour atteindre des objectifs, il est essentiel d'adopter des stratégies pertinentes et une bonne méthode de travail. Ainsi, dans la planification d'un travail à remettre ou d'un examen à préparer, l'adolescent doit s'attarder aux points suivants :

- bien comprendre l'objectif à atteindre ;
- prévoir la succession des étapes à franchir pour terminer le travail ou pour préparer l'examen ;
- prévoir la durée de chacune des étapes en fonction de l'échéance afin d'éviter de travailler ou d'étudier à la dernière minute ;
- prévoir les moyens ou les stratégies à utiliser au cours de chacune des étapes (les parents doivent l'aider à les trouver et peuvent même lui en suggérer s'il en fait la demande) ;
- prévoir une étape d'autocorrection à la fin du travail.

Les parents doivent aider l'adolescent à devenir responsable de sa vie scolaire, mais sans le diriger. Car la responsabilité scolaire, c'est son affaire !

Rappelez-vous !

L'adolescent doit s'inspirer de modèles pour se projeter dans l'avenir. Or, à l'adolescence, les parents sont de plus en plus perçus de façon réaliste, c'est-à-dire avec leurs qualités et leurs défauts. Le jeune se tourne donc vers des vedettes ou vers des personnages extraordinaires qui deviennent ses héros. Les parents ne doivent pas critiquer sans cesse ces héros, mais plutôt aider leur jeune à se forger un idéal personnel à partir des qualités réelles ou imaginaires qu'il admire tant.

Les parents doivent affirmer leurs valeurs et tenter de leur être fidèles dans leurs comportements. L'adolescent, même s'il ne le dit pas ouvertement, aime prendre pour modèle un parent intègre. Il est toutefois très sensible aux contradictions qui existent entre les paroles et les gestes.

L'adolescent doit apprendre à faire face à ses problèmes et à les résoudre. Il doit prendre conscience que le règlement d'un problème ne se trouve ni dans la fuite ni dans la négation ou la confrontation stérile. Reste donc la négociation ! Les parents peuvent aider l'adolescent à résoudre ses problèmes en négociant de façon constructive et pacifique.

L'adolescent doit vivre du succès pour en arriver à s'estimer et, pour cela, il doit être motivé. Or, la motivation naît du délai entre l'expression d'un désir et sa satisfaction. Il ne faut donc pas donner «tout cuit dans le bec» à son adolescent, mais l'aider à s'engager de façon libre et réfléchie.

L'autonomie est aussi un facteur essentiel qui contribue au succès. Et l'autonomie, ça s'apprend ! Il en va de même de l'organisation et des méthodes de travail.

L'adolescent doit en arriver à comprendre que sa valeur comme personne n'est pas remise en cause chaque fois qu'il commet une erreur. Ce sont plutôt ses stratégies qui s'avèrent inadéquates. Chaque résultat obtenu est la conséquence logique des moyens mis en place. Une erreur doit donc amener un changement de stratégie et d'attitude. Les parents doivent aider leur jeune à voir l'erreur comme un processus d'apprentissage et non comme un échec.

? **Pour mieux évaluer l'état de vos relations avec votre jeune, posez-vous les questions suivantes:**

Est-ce que…

- je m'informe sur les personnages que mon ado admire le plus?

- je comprends le besoin qu'a mon ado de me critiquer?

- je sais à quel genre de personnes mon ado voudrait ressembler plus tard?

- je suis en mesure de l'aider à résoudre ses conflits de façon pacifique et constructive?

- je cherche à négocier lorsque je suis en conflit avec mon ado?

- je cherche à l'aider à réfléchir par lui-même?

- je l'encourage à se donner des buts réalistes au plan scolaire et ce, en relation avec le domaine professionnel qui l'intéresse?

- je lui reconnais le droit à l'erreur?

- je soutiens sa motivation?

- je peux l'aider à acquérir de bonnes stratégies d'apprentissage?

Conclusion

▼

L'adolescence est une période charnière qui provoque des bouleversements physiques, psychologiques et sociaux d'une grande complexité. C'est également une phase de la vie qui entraîne des changements majeurs dans la vie des parents et des adultes qui côtoient les adolescents.

Les jeunes, sous des allures bourrues et des airs indépendants, sont extrêmement sensibles aux paroles que nous leur adressons et aux gestes que nous posons à leur égard. Nous connaissons bien cette grande sensibilité, et les attitudes des adultes nous sont également familières. Qui ne se souvient pas, en effet, d'avoir vécu de grandes joies, de grandes peines et de grandes colères à cet âge? On se souvient tous d'un adulte qui, ne portant attention qu'aux apparences, critiquait notre allure physique, nos idées ou encore nos émotions parfois excessives. Ou encore d'un autre, négatif et craintif celui-là, qui nous décourageait et nous dévalorisait. Et qui n'a pas aussi en mémoire l'image d'un adulte (parent, enseignant ou éducateur) qui croyait en nous et qui nous épaulait?

L'estime de soi est à la base de toute stratégie visant à prévenir chez les adolescents de nombreux problèmes de comportement et d'apprentissage. Il va de soi que tout parent doit en favoriser le développement.

Faire vivre un sentiment de confiance à l'adolescent, telle est la première tâche qui incombe aux parents et aux éducateurs. Pour cela, il faut croire en lui, le faire participer à l'élaboration des règles qui le concernent et l'aider à reconnaître et à gérer son stress. Cet acquis permettra à l'adolescent de vivre un sentiment de sécurité intérieure qui sera propice à une bonne estime de soi.

En second lieu, il faut aider l'adolescent à se connaître afin qu'il s'apprécie lui-même. Pour cela, il importe de mettre ses forces en évidence et de lui faire voir ses vulnérabilités tout en ménageant sa fierté. Les parents doivent aussi reconnaître que leur adolescent a des besoins spécifiques : se séparer d'eux, s'affirmer et devenir autonome tout en se sentant aimé, apprécié, écouté, compris et respecté. Tout un programme en perspective !

Mais cela n'est pas encore suffisant. L'adolescent a aussi besoin d'apprendre à vivre en groupe et en société. Cet apprentissage se fait au sein de la famille, dans le groupe d'amis et dans le milieu scolaire. Le jeune doit d'abord apprendre à participer et, ensuite, à coopérer. Cet apprentissage rehausse l'estime qu'il a de lui-même et lui permet de trouver la place qui lui revient dans la société.

Finalement, l'adolescent ne peut développer une bonne estime de soi s'il ne vit pas régulièrement du succès dans ses entreprises, que ce soit dans ses activités sportives ou de loisir, dans sa vie amoureuse, avec ses amis et à l'école. Pour arriver à connaître du succès, le jeune doit avoir le droit de commettre des erreurs et il doit pouvoir les considérer comme des occasions d'essayer de nouvelles stratégies qui lui permettront de réussir dans la vie et de réussir sa vie.

Pour se projeter dans l'avenir ou dans sa vie future, l'adolescent a besoin de modèles qui lui donnent le goût d'avancer et de résoudre chaque jour ses problèmes de façon pacifique et constructive. Les parents peuvent servir de modèles s'ils sont fidèles à leurs propres valeurs, mais cela ne suffit pas.

Car l'adolescent doit les «dé-idéaliser» pour devenir indépendant. Et il se tourne alors vers des personnages qui représentent des valeurs nouvelles.

Toutefois, les parents restent les mieux placés pour aider leur adolescent à développer, à conserver et à consolider une bonne estime de soi. Leur tâche est particulièrement importante quand les nuages s'accumulent ou quand la déprime et le découragement s'insinuent. Dans ces moments, ce sont eux qui deviennent les garants des forces vives de leur adolescent. Ne cessant jamais de croire en leur fille ou en leur fils, ils l'aident à conserver comme bagage cette estime de soi qui permettra au jeune de traverser la vie de façon harmonieuse.

Ressources

▼

Livres

ACKER, Vincent. *Ados, comment les motiver: la méthode Gordon appliquée à la motivation scolaire.* Alleur: Marabout, 2000. 279 p.

BRACONNIER, Alain. *Le guide de l'adolescent de 10 à 25 ans.* Paris: Odile Jacob, 2001. 582 p. (Guide)

CLOUTIER, Richard. *Mieux vivre avec nos adolescents.* Montréal: Le Jour, 1994. 170 p.

CLOUTIER, Richard. *Psychologie de l'adolescence.* Chicoutimi: Gaëtan Morin, 1996. 326 p.

CÔTÉ, C. *La discipline en classe et à l'école.* Montréal: Guérin, 1992.

COVEY, Sean. *Les 7 habitudes des ados bien dans leur peau.* Paris: First, 1999. 352 p.

DELAGRAVE, Michel. *Les ados: mode d'emploi à l'usage des parents.* Beauport: MNH, 1995. 96 p.

DOLTO, Françoise. *La cause des adolescents.* Paris: Pocket, 1997. 382 p.

DOLTO, Françoise. *L'échec scolaire: essais sur l'éducation.* Paris: Pocket, 1990. 186 p.

DUCLOS, Germain. *L'estime de soi, un passeport pour la vie.* Montréal: Éditions de l'Hôpital Sainte-Justine, 2000. 117 p. (Pour les parents)

DUCLOS, Germain, Danielle LAPORTE et Jacques ROSS. *L'estime de soi de nos adolescents*. Montréal: Éditions de l'Hôpital Sainte-Justine, 1995. 178 p. (Estime de soi)

DUCLOS, Germain, Danielle LAPORTE et Jacques ROSS. *Besoins, défis et aspirations des adolescents: vivre en harmonie avec les jeunes de 12 à 20 ans*. Saint-Lambert: Héritage, 1995. 412 p. (Parent guide)

ERIKSON, Erik H. *Adolescence et crise: la quête de l'identité*. Paris: Flammarion, 1978. 348 p.

GORDON, T. *Comment apprendre l'autodiscipline aux enfants*. Montréal: Le Jour, 1990.

LEHALLE, Henri. *Psychologie des adolescents*. Paris: PUF, 1988. 240 p.

LUTTE, Gérard. *Libérer l'adolescence*. Bruxelles: Mardaga, 1988. 345 p.

MOYNOT, Emmanuel. *Monsieur Khol*. Grenoble: Glénat, 2001. 54 p. (Carrément BD)

VAILLANT, Maryse. *L'adolescence au quotidien. De quelques principes utiles à l'usage des parents*. Paris: Syros, 2001. 219 p.

VIAU, Rolland. *La motivation en contexte scolaire*. Saint-Laurent: Éditions du renouveau pédagogique, 1994. 221 p.

Sites Internet

L'estime de soi
Adaptation d'une présentation de R. Reasoner
http://www.pedagonet.com/other/estime1.htm

L'estime de soi
AIDES. L'Association des intervenants et des intervenantes
pour le développement de l'estime de soi
http://www.estimedesoi.org/

L'estime de soi de nos enfants
Les chroniques de Daniel Lambert, psychologue
http://www.webdlambert.com/estime-de-soi.html

Les enfants et l'estime de soi
Association canadienne pour la santé mentale
http://www.cmha.ca/french/mh_pamphlets/enfants_lestime.pdf

L'estime de soi. Comment aider votre enfant à l'acquérir
PANDA, de la MRC l'Assomption
http://panda.cyberquebec.com/estime.html

L'estime de soi des parents
Association canadienne des programmes de ressources pour
la famille
http://www.cfc-efc.ca/docs/cafrp/00001262.htm

La Collection de l'Hôpital Sainte-Justine
pour les parents

L'allaitement maternel

Comité pour la promotion
de l'allaitement maternel de l'Hôpital Sainte-Justine

Le lait maternel est le meilleur aliment pour le bébé. Tous les conseils pratiques pour faire de l'allaitement une expérience réussie !

ISBN 2-921858-69-X   1999/104 p.

Apprivoiser l'hyperactivité et le déficit de l'attention

Colette Sauvé

Une gamme de moyens d'action dynamiques pour aider l'enfant hyperactif à s'épanouir dans sa famille et à l'école.

ISBN 2-921858-86-X   2000/96 p.

Au-delà de la déficience physique ou intellectuelle
Un enfant à découvrir

Francine Ferland

Comment ne pas laisser la déficience prendre toute la place dans la vie familiale ? Comment favoriser le développement de cet enfant et découvrir le plaisir avec lui ?

ISBN 2-922770-09-5   2001/232 p.

Au fil des jours... après l'accouchement

L'équipe de périnatalité de l'Hôpital Sainte-Justine

Un guide précieux pour répondre aux questions pratiques de la nouvelle accouchée et de sa famille durant les premiers mois suivant l'arrivée de bébé.

ISBN 2-922770-18-4   2001/96 p.

Au retour de l'école...
La place des parents dans l'apprentissage scolaire

Marie-Claude Béliveau

Une panoplie de moyens pour aider l'enfant à développer des stratégies d'apprentissage efficaces et à entretenir sa motivation.

ISBN 2-921858-94-0   2000/176 p.

En forme après bébé
Exercices et conseils
Chantale Dumoulin
Des exercices et des conseils judicieux pour aider la nouvelle maman à renforcer ses muscles et à retrouver une bonne posture.
ISBN 2-921858-79-7   2000/128 p.

En forme en attendant bébé
Exercices et conseils
Chantale Dumoulin
Des exercices et des conseils pratiques pour garder votre forme pendant la grossesse et pour vous préparer à la période postnatale.
ISBN 2-921858-97-5   2001/112 p.

L'enfant malade
Répercussions et espoirs
Johanne Boivin, Sylvain Palardy et Geneviève Tellier
Des témoignages et des pistes de réflexion pour mettre du baume sur cette cicatrice intérieure laissée en nous par la maladie de l'enfant.
ISBN2-921858-96-7   2000/96 p.

L'estime de soi des adolescents
Germain Duclos, Danielle Laporte et Jacques Ross
Comment faire vivre un sentiment de confiance à son adolescent? Comment l'aider à se connaître? Comment le guider dans la découverte de stratégies menant au succès?
ISBN 2-922770-42-7   2002/96 p.

L'estime de soi des 6 - 12 ans
Danielle Laporte et Lise Sévigny
Une démarche simple pour apprendre à connaître son enfant et reconnaître ses forces et ses qualités, l'aider à s'intégrer et lui faire vivre des succès.
ISBN 2-922770-44-3   2002/112 p.

L'estime de soi, un passeport pour la vie
Germain Duclos
Pour développer des attitudes éducatives positives qui aideront l'enfant à acquérir une meilleure connaissance de sa valeur personnelle.
ISBN 2-921858-81-9   2000/128 p.

Et si on jouait?
Le jeu chez l'enfant de la naissance à 6 ans
Francine Ferland
Les différents aspects du jeu présentés aux parents et aux intervenants: information détaillée, nombreuses suggestions de matériel et d'activités.
ISBN 2-922770-36-2   2002/184 p.

Être parent, une affaire de cœur I
Danielle Laporte
Des textes pleins de sensibilité, qui invitent chaque parent à découvrir son enfant et à le soutenir dans son développement.
ISBN 2-921858-74-6   1999/144 p.

Être parent, une affaire de cœur II
Danielle Laporte
Une série de portraits saisissants: l'enfant timide, agressif, solitaire, fugueur, déprimé, etc.
ISBN 2-922770-05-2   2000/136 p.

Famille, qu'apportes-tu à l'enfant?
Michel Lemay
Une réflexion approfondie sur les fonctions de chaque protagoniste de la famille, père, mère, enfant... et les différentes situations familiales.
ISBN 2-922770-11-7   2001/216 p.

La famille recomposée
Une famille composée sur un air différent
Marie-Christine Saint-Jacques et Claudine Parent
Comment vivre ce grand défi? Le point de vue des adultes (parents, beaux-parents, conjoints) et des enfants impliqués dans cette nouvelle union.
ISBN 2-922770-33-8   2002/144 p.

Favoriser l'estime de soi des 0 - 6 ans
Danielle Laporte
Comment amener le tout-petit à se sentir en sécurité ? Comment l'aider à développer son identité? Comment le guider pour qu'il connaisse des réussites?
ISBN 2-922770-43-5   2002/112p.

Guide Info-Parents I
L'enfant en difficulté
Michèle Gagnon, Louise Jolin et Louis-Luc Lecompte
Un répertoire indispensable de ressources (livres, associations, sites Internet) pour la famille et les professionnels.
ISBN 2-921858-70-3   1999/168 p.

Guide Info-Parents II
Vivre en famille
Michèle Gagnon, Louise Jolin et Louis-Luc Lecompte
Des livres, des associations et des sites Internet concernant la vie de famille: traditionnelle, monoparentale ou recomposée, divorce, discipline, conflits frères-sœurs...
ISBN 2-922770-02-8   2000/184 p.

Guide Info-Parents III
Maternité et développement du bébé
Michèle Gagnon, Louise Jolin et Louis-Luc Lecompte
Des ressources fort utiles concernant la grossesse, l'accouchement, les soins à la mère et au bébé, le rôle du père, la fratrie...
ISBN 2-922770-22-2   2001/152 p.

Guider mon enfant dans sa vie scolaire

Germain Duclos

Des réponses aux questions les plus importantes et les plus fréquentes que les parents posent à propos de la vie scolaire de leur enfant.

ISBN 2-922770-21-4   2001/248 p.

Les parents se séparent...
Pour mieux vivre la crise et aider son enfant

Richard Cloutier, Lorraine Filion et Harry Timmermans

Pour aider les parents en voie de rupture ou déjà séparés à garder espoir et mettre le cap sur la recherche de solutions.

ISBN 2-922770-12-5   2001/164 p.

La scoliose
Se préparer à la chirurgie

Julie Joncas et collaborateurs

Dans un style simple et clair, voici réunis tous les renseignements utiles sur la scoliose et les différentes étapes de la chirurgie correctrice.

ISBN 2-921858-85-1   2000/96 p.

Les troubles anxieux expliqués aux parents

Chantal Baron

Quelles sont les causes de ces maladies et que faire pour aider ceux qui en souffrent? Comment les déceler et réagir le plus tôt possible?

ISBN 2-922770-25-7   2001/88 p.

Les troubles d'apprentissage : comprendre et intervenir

Denise Destrempes-Marquez et Louise Lafleur

Un guide qui fournira aux parents des moyens concrets et réalistes pour mieux jouer leur rôle auprès de l'enfant ayant des difficultés d'apprentissage.

ISBN 2-921858-66-5   1999/128 p.

MEMBRE DU GROUPE SCABRINI

Québec, Canada
2006